本书受山东省自然资源厅"生态产品信息调查与价值核算"项目支持
由山东省地质科学研究院承担完成

自然资源领域生态产品价值实现路径

张 英　李明智　孙丰胜
徐国强　张太平　王奎峰 ◎编著

北京大学出版社

图书在版编目(CIP)数据

自然资源领域生态产品价值实现路径 / 张英等编著. 北京：北京大学出版社，2025.3.
-- ISBN 978-7-301-36031-6

Ⅰ.F127.52

中国国家版本馆 CIP 数据核字第 2025UG2453 号

书　　　名	自然资源领域生态产品价值实现路径
	ZIRAN ZIYUAN LINGYU SHENGTAI CHANPIN JIAZHI SHIXIAN LUJING
著作责任者	张英 等　编著
责 任 编 辑	王树通
标 准 书 号	ISBN 978-7-301-36031-6
出 版 发 行	北京大学出版社
地　　　址	北京市海淀区成府路 205 号　100871
网　　　址	http://www.pup.cn　新浪微博：@北京大学出版社
电 子 邮 箱	编辑部 lk2@pup.cn　总编室 zpup@pup.cn
电　　　话	邮购部 010-62752015　发行部 010-62750672　编辑部 010-62764976
印 刷 者	天津和萱印刷有限公司
经 销 者	新华书店
	730 毫米×980 毫米　16 开本　11 印张　200 千字
	2025 年 3 月第 1 版　2025 年 3 月第 1 次印刷
定　　　价	48.00 元

未经许可，不得以任何方式复制或抄袭本书之部分或全部内容。
版权所有，侵权必究
举报电话: 010-62752024　电子邮箱: fd@pup.cn
图书如有印装质量问题，请与出版部联系，电话: 010-62756370

自然资源领域生态产品价值实现路径编委会

张　英　李明智　孙丰胜　徐国强　张太平
王奎峰　王圣雯　王刚潮　曹松坤　张　龚
王　强　许　艳　张瑞华　仇晓华　张红军
刘金秋　王　薇　韩桂璇　卞吉斐　王晓凤
梁　东　房淑悦　李明月

前　言

2010年《国务院关于印发〈全国主体功能区规划〉的通知》(国发〔2010〕46号)中首次提出了生态产品的概念。随后,"生态产品"写入了党的十八大、党的十九大和党的二十大报告中。2018年4月26日,习近平总书记在"深入推动长江经济带发展座谈会上的讲话"中指出,"要积极探索推广绿水青山转化为金山银山的路径,选择具备条件的地区开展生态产品价值实现机制试点,探索政府主导、企业和社会各界参与、市场化运作、可持续的生态产品价值实现路径。"2021年4月,《关于建立健全生态产品价值实现机制的意见》正式印发,成为我国首个将"绿水青山就是金山银山"理论落实到制度安排和实践操作层面的纲领性文件。生态产品价值实现是"绿水青山就是金山银山"理论的实践抓手和物质载体,建立生态产品价值实现机制作为重要任务被列入"十四五"规划纲要。中共中央办公厅和国务院办公厅联合印发了《关于建立健全生态产品价值实现机制的意见》,标志着生态产品价值实现由局部地方试点、流域区域探索逐步上升为国家层面生态文明建设的重要任务。

生态产品价值实现问题,涉及新理念的树立、新价值观的形成、新产业链的构造、新制度的建立,以及经济利益和社会财富的重新分配,是一项关系经济社会重大变革的系统性、综合性的重大问题研究。当前,我国关于生态产品价值实现问题的研究尚处于起步阶段,对生态产品、生态产品价值的认识不统一,生态产品价值的核算未达成共识。但是,关于生态产品定义、目录、核算等基础性工作,在基于学术层面的探讨下,国家可以通过顶层设计做好界定,形成规范。在省、市、县开展生态产品价值实现工作中,基础性工作确保与国家相关指导性文件、意见相接续,确保内涵界定与核算数值可比性,这部分工作重在一致性。而生态产品价值路径安排,是省、市、县开展生态产品价值实现工作的创新之所在。

然而,在实际的调研中,我们发现,各地开展相关工作虽深刻地认识到生态产品价值实现对于统筹经济发展和生态保护、推进生态文明建设和绿色发展的重要意义,但是在生态产品价值实现路径的工作思路上缺乏创新,提报的案例同质化现象严重。

山东省自然资源厅积极开展生态产品价值实现的有益探索,在工作开展过程中,意识到为打开地方开展生态产品价值实现的工作局面,亟须对各地市开展认知普及相关工作,自然资源所有者权益处为此布置了"山东省自然资源领域生态产品信息调查与价值核算"研究任务。山东省地质科学研究院承担该研究任务总体工作,联合山东师范大学共同开展生态产品价值实现路径研究专题。课题组在承担这一项实践性的研究课题过程中,全面收集了国内外生态产品价值实现的各类型案例,并从行政、技术及经济三个视角对生态产品价值实现路径进行系统梳理,丰富了地方对生态产品价值实现路径的认识。鉴于此,在该课题基础上凝练完成本书书稿,旨在为社会各界广泛开展生态产品价值实现路径相关理论研究和实践探索提供重要参考借鉴。

由于编者水平有限,书中难免有疏漏之处,敬请广大读者批评指正!

在本书研究过程中,山东省自然资源厅领导、自然资源所有者权益处以及相关处室领导给予大力支持,在此一并致以真诚的感谢!

编者

2025 年 3 月

目　　录

上篇　理论基础

一、生态产品价值实现的内涵和理论基础 ………………………………（2）
　　（一）概念由来 …………………………………………………………（2）
　　（二）概念界定 …………………………………………………………（3）
二、生态产品价值实现理论基础 …………………………………………（7）
　　（一）价值理论 …………………………………………………………（8）
　　（二）产权理论 …………………………………………………………（8）
　　（三）公共物品理论 ……………………………………………………（8）
　　（四）外部性理论 ………………………………………………………（9）
三、生态产品价值实现基本逻辑 …………………………………………（10）
四、生态产品价值实现重大意义 …………………………………………（10）

下篇　生态产品价值实现路径

一、行政手段 ………………………………………………………………（14）
　　（一）制度保障 …………………………………………………………（14）
　　（二）生态补偿 …………………………………………………………（25）
　　（三）绩效考核 …………………………………………………………（41）
　　（四）生态认证 …………………………………………………………（46）
　　（五）产业规划 …………………………………………………………（50）
二、技术手段 ………………………………………………………………（52）
　　（一）生态保护修复及环境治理技术 …………………………………（52）
　　（二）种养产业循环一体化技术 ………………………………………（58）

（三）提升产品附加值 ……………………………………（64）
　　（四）智慧管理 ……………………………………………（67）
三、经济手段 ………………………………………………………（69）
　　（一）交易 …………………………………………………（69）
　　（二）融资渠道 ……………………………………………（108）
　　（三）"生态＋"市场化运营 ………………………………（150）
四、结语 ……………………………………………………………（159）
参考文献 ……………………………………………………………（160）

上篇
理论基础

"提供更多优质生态产品以满足人民日益增长的优美生态环境需要"写入了党的十九大报告,但是生态产品价值实现无论在理论上还是实践中仍处于探索阶段。本书从生态产品、生态产品价值、生态产品价值实现的内涵和理论研究出发,分析了我国生态产品价值实现面临的问题和挑战,厘清了生态产品价值实现需要处理的发展和保护、政府和市场、多元供给主体、区域/城乡、不同环节利益分配等五大关系,提出了生态产品价值实现要探索多元化实现路径和区域差异化实现模式,并且提出了加强顶层设计、开展市县试点、强化法律保障、规范数据管理、增强支撑能力、深化理论研究、实施经济杠杆调控等对策建议。

习近平总书记提出:"绿水青山就是金山银山。"生态产品价值实现问题研究,就是要搭建"绿水青山"与"金山银山"之间的桥梁,协调生态保护者和生态保护受益者之间的利益分配关系,让保护生态环境变得"有利可图",把"绿水青山"变成"金山银山",对于科学有效挖掘自然要素价值、建立保护生态环境就是保护和发展生产力的利益导向机制、推进经济社会发展与生态环境保护相协调、实现可持续发展具有重要意义。

一、生态产品价值实现的内涵和理论基础

过去一段时间的粗放型经济增长方式造成了严重的资源约束趋紧和生态环境恶化问题。与此同时,相对落后的生态资源富集地区为了实现"赶超战略",仍然存在过度开发利用资源与环境发展的冲突。2018年4月,习近平总书记在深入推动长江经济带发展座谈会上对生态优先、绿色发展作出重要指示,强调要探索政府主导、企业和社会各界参与、市场化运作、可持续的生态产品价值实现路径。努力把"绿水青山"蕴含的生态产品价值转化为"金山银山",是实现经济高质量发展和生态环境高水平保护的关键。

(一)概念由来

生态产品价值实现是打通"绿水青山"和"金山银山"之间转换通道的重要举措,是实现生态文明建设的重要手段。生态产品概念本身出自政府文件,最早见于2010年印发的《全国主体功能区规划》。党的十八大提出要增强生态产品生产能力,后续中央文件提出保护自然就是保护和发展生产力。党的十九大对生态产品的认识和要求进一步深化,明确要求要提供更多优质生态产品以满足人民日益增长的优美生态环境需要。2018年在深入推动长江经济带发展座谈会上,习近平总书记明确要求选择具备条件的地区开展生态产品价值实现试点。2021年,中共中央办公厅、国务院办公厅发布《关于建立健全生态产品价值实现机制的意见》,通过明确建立生态产品调查监测机制、建立生态产品价值评价机制等六方面主要任务,对生态产品价值实现进行了顶层设计。在中央的指示精神下,各地也纷纷开展生态产品价值实现试点工作。

生态产品不同于一般商品,其价值内涵更加丰富。生态产品价值包含多层价值体系:一是劳动价值论视角。劳动价值论认为,商品是用来交换的劳动产品,社会分工和剩余产品的出现是它产生的基本前提;商品具有使用价值和价值,价值的表现形式是交换价值。对于生态产品而言,人类有意识地对生态系统中的自然资源进行投入和改造,使其满足生活、市场需求,即包含了人类劳动,具有价值。二是稀缺性理论视角。稀缺性理论认为,商品经济条件下,因稀缺性导致竞争性使用,以价格调节供需,于是产生价值。在资源紧缺、环境状况逐渐恶

化的情况下，原本丰富的自然资源逐渐稀缺，消费需求不断提高，稀缺资源便通过价格反映资源稀缺程度。此外，作为人们对美好环境追求的重要组成部分，部分生态产品具有公有权的公共性和生态性，又具有政治价值、生态价值等。

按照价值来源，生态产品可以定义为生态系统在生态生产和人类生产共同作用下为社会提供的终端产品和服务。其基本特征包括稀缺性、非替代性、部分可交换、有剩余产品及为他人和社会提供使用价值。按照生态产品属性和功能来分，生态产品可分为公共性生态产品和经营性生态产品两种类型。其中，公共性生态产品主要包括自然资源产品和其产生的可交易的生态环境服务，如水资源、海洋资源及气候调节、权益指标等功能性产品，体现的是资源资产的存量；经营性生态产品包括通过农林生产、整治修复和产业导入等，其中凝结了人类劳动的产品，如"生态＋"产品等，反映的是资源资产的增量和流量。

（二）概念界定

认识和理解生态产品价值实现，需要抓住两个关键词：生态产品、价值和实现，要一层层抽丝剥茧，揭开这些概念的内涵和特性。

1. 生态产品

2010年，《国务院关于印发〈全国主体功能区规划〉的通知》（国发〔2010〕46号），首次提出了生态产品的概念，将生态产品定义为"维系生态安全、保障生态调节功能、提供良好的人居环境的自然要素，包括清新的空气、清洁的水源、茂盛的森林、宜人的气候等；生态产品同农产品、工业品和服务产品一样，都是人类生存发展所必需的"。关于生态产品的内涵，我们主要有以下认识：

生态产品关乎人类共同的核心利益，是当今世界关注的热点问题。这一概念最早源于2001年世界卫生组织、联合国环境规划署和世界银行等机构组织开展的全球千年生态评估。生态产品与物质生产、文化产品并列称为支撑人类生存与发展的三大类产品，实质上，其是维系人民生命和健康必要的基础资源支撑要素。

生态产品系生态系统通过生物生产并与人类生产共同作用，为人类提供最终福祉产品服务的重要基础之一。生态产品也就是生态环境资源，既包括从自然系统中产出的纯自然功能的生态产品，如清新的空气、清洁的水源、宜人的气候、舒适的环境等，这是生态产品自身所具备的，没有经过人类劳动或任何投入的自然价值；同时也包含对自然生态系统功能产品经人类劳动进行产业化开发加工后衍生形成的、能够满足于人类需求的生态产品,如森林康养、林业碳汇、温泉养生等。生态产品一方面具有物质性产品价值,另一方面也具有功能性服务价值。

生态产品作为一种有限的自然生态系统服务的结晶,难以替代,用之不觉,失之难存。其使用价值体现了生态产品的自然属性,而价值表现为生态产品生产过程凝结着一般的、无差别的人类抽象劳动。生态产品具有与其他物质产品同样为人们所使用的社会属性。从价值角度看,"生态产品价值"可定义为:一定区域内自然生态有机结合形成生态系统功能,为人类普惠民生福祉和经济社会可持续发展提供的最终产品与服务的价值总和。

效用同稀缺性结合便形成商品价值,生态产品价值实现是资源经济研究中的一个基础性问题。西方经济学中"效用价值论"是自然资源价值论的基础,自然资源具有能够满足人的欲望的功能,并随人类欲望不断被满足而边际效用递减。当前,加强生态产品保护和扩大自然界提供产品生产能力,建立生态产品价值实现机制,挖掘生态产品价值空间,增强国家生态产品供给能力,也是重构整个国家的物质生活、社会生活、精神生活的过程。如何结合"效用价值论"和应用"劳动价值论"开展生态产品价值实现研究,不仅仅是一个理论问题,还对当前着力解决好自然资源资产的"生产要素"和"生态要素"关系协调、资源性资产计价以及健全自然资源资产管理体制等问题具有很强的指导意义。

为了更好地阐述生态产品的概念,本节将从生态产品概念辨析、生态产品属性与生态产品特征等三个角度展开。

(1) 生态产品概念辨析

生态产品不是生态标识产品、绿色产品。实践中这三个概念很容易混淆,有时人们会将生态标识产品、绿色产品称为生态产品,这是不正确的。生态产品是和农产品、工业品和服务产品并列的一类产品,属于上位类。而生态标识产品或绿色产品是农产品、工业品和服务产品中的某一类,属于下位类。绿色产品和生态标识产品概念相同,都强调产品的生产要符合生态环保、低碳节能、资源节约等要求,一般由机构按照一定标准进行认证,目前我国有生态原产地保护产品(原国家质量监督检验检疫总局认证)、国家森林生态标志产品(原国家林业局认证)等。按照《国务院办公厅关于建立统一的绿色产品标准、认证、标识体系的意见》(国办发〔2016〕86号)要求,2020年要初步建立系统科学、开放融合、指标先进、权威统一的绿色产品标准、认证、标识体系。

绿色产品、生态标识产品是生态产品产业链的下游产品。生态产品按照生产、流通、转化的程序构成产业链,产业链的上游是保护和修复绿水青山,中游是生态产品参与市场交易,下游则是利用生态产品优势生产出绿色农产品、绿色工业品、绿色服务产品等绿色产品。因此,可以说生态标识产品和绿色产品是生态产品产业链向下游延伸的产物(如图1所示)。

图1 生态产品产业链

(2) 生态产品属性

生态产品具有三个属性。一是公共物品属性,是公共物品(如空气、气候等)或准公共物品(水、森林、草地、矿产资源等),消费过程中具有非竞争性和非排他性,或者具有有限的非竞争性或有限的非排他性。其中非竞争性是指在既定的生态产品供给下,新增加一个消费者对提供生态产品所产生的边际成本为零,强调生态产品的数量和质量不受影响;生态产品的非排他性是指在对生态产品进行消费时无法排除他人也同时消费这类产品,强调生态产品消费人群的范围不受影响。公共物品属性决定了生态产品需要由政府提供供给。二是商品属性,具有价值和使用价值,在明晰和界定产权的基础上,可以通过市场交易实现供给,如森林、草地、湿地等自然资源的经营权,以及虚拟的排污权、碳排放权等。三是金融属性,生态产品的使用权、经营权、收益权等可以进行资产化、证券化、资本化,如林地经营权抵押贷款等。生态产品的商品属性和金融属性并非其本质属性,而是伴随着工业化、城市化对生态环境的破坏,生态产品变得稀缺,需求增加而供给不足,使用者愿意付出代价通过交换获得生态产品,因此生态产品才具备了商品和金融属性。

(3) 生态产品特性

生态产品具有四个特性。一是正外部性。生态产品具有典型的正外部性,主要表现为生态产品的生态价值和社会价值外溢,被其他个体无偿使用。如果不能得到足够的补偿,就会造成生态产品生产不足。二是可生产性。生态产品的可生产性体现在人类可通过投入劳动和物质资源,推动生态系统恢复,增加生态产品供给,以改善生态环境、维持生态平衡。三是可交易性。生态产品同农产品、工业品和服务产品一样,都是人类生存发展的必需品,具有商品的属性,可以通过市场公开买卖而实现其价值。四是可转换性。生态产品作为自然要素,是经济发展的生产要素,在经济发展中发挥重要作用。可转换性表现在两个方面:一方面,在生产过程中,生态产品作为要素投入可转换为绿色产品,从而产生较高的附加值。另一方面,生态产品可转换为资产和资本。

2. 生态产品价值

2015年中共中央、国务院印发的《生态文明体制改革总体方案》提出:"树立自然价值和自然资本的理念,自然生态是有价值的,保护自然就是增值自然价值和自然资本的过程,就是保护和发展生产力,就应得到合理回报和经济补偿。"

本书所指的生态产品价值是经济学意义的市场价值而非生态学、社会学意义的使用价值。生态产品的功能和使用价值体现在维系生态安全和保障生态调节功能上,包括固碳释氧、涵养水源、保持水土、净化水质、防风固沙、调节气候、清洁空气、减少噪声、吸附污染、保护生物多样性、减轻自然灾害等,这些功能和使用价值用货币化的形式体现出来,就是生态产品的市场价值。

当然,生态产品还可以作为生产要素,也可以提供游憩观赏等服务。同时,生态产品还可以通过影响周边土地、房屋等的价值而产生经济价值。这些价值可以看作对生态产品经营开发后转化为其他商品的价值,但不能算作生态产品本身的价值。

3. 生态产品价值实现

生态产品价值实现就是要搭建"绿水青山"与"金山银山"之间的桥梁,将生态产品所具有的生态价值、经济价值和社会价值,通过货币化的手段全面体现出来,不仅实现其经济价值,还要使其经济外部性内部化,体现出其作为公共物品的价值。生态产品价值实现的目的是让保护生态环境变得"有利可图",达到经济发展与生态环境保护的协同推进,实现可持续发展(如图2所示)。

生态产品价值实现具有渠道多样性、区域差异性和制度依赖性的特征。

(1)渠道多样性。生态产品价值实现具有多种渠道,一是政府直接购买生态产品,即生态补偿方式;二是生态产品直接参与市场交易,如碳排放权交易、排污权交易和用能权交易等;三是将生态产品转化为物质产品和文化服务产品来实现其价值。

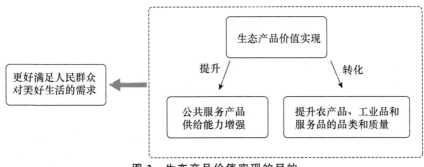

图 2　生态产品价值实现的目的

（2）区域差异性。生态产品价值实现存在区域差异性，不同地区的居民因经济发展水平和认知水平的差异，使得生态产品产生不同的价值。

（3）制度依赖性。生态产品的价值实现需要一系列制度保障，涉及财政转移支付、生态补偿、草原奖补、退耕还林补偿、资源环境产权制度、市场交易制度，以及绿色产品认证制度、绿色金融制度等的建立和创新。

二、生态产品价值实现理论基础

从目前国内外关于生态产品价值实现的相关理论来看，主要集中在生态产品价值理论、产权理论、公共物品理论和外部性理论等方面。生态产品价值理论是生态产品价值实现的基础，产权理论和公共物品理论分别为明确生态产品价值拥有者和付费者提供理论指导，而外部性理论则为生态产品价值采取政府和市场两种实现方式提供理论指导（如图 3 所示）。

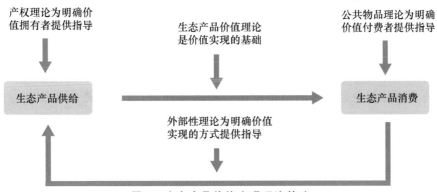

图 3　生态产品价值实现理论基础

(一) 价值理论

研究生态产品价值,可以从马克思主义的劳动价值论和西方经济学的效用价值论两个角度来分析。马克思主义的劳动价值论认为,物化在商品中的社会必要劳动量决定商品价值量。对于生态产品而言,凝结的人类劳动主要包括两个方面:一是从生态系统中获得人类生存和社会经济发展所需的自然资源和生态要素时,在生态系统中凝结的人类劳动的价值;二是为了推动人与自然和谐共生,保证生态系统的稳定和可持续发展,维持生态产品的供给能力,人类对生态系统进行合理的保护和修复所耗费的人类劳动所凝结的价值。

(二) 产权理论

产权理论是经济学的重要理论,其研究的对象是经济运行背后的财产权利结构,即运行的制度基础。科斯产权理论的核心是:一切经济交往活动的前提是制度安排,这种制度实质上是一种人们之间行使一定行为的权力。因此,经济分析的首要任务是界定产权,明确规定当事人可以做什么,然后通过权利的交易达到社会总产品的最大化。产权理论是生态产品进行交易并实现价值的前提和基础,清晰的产权也可以很好地解决外部性问题。自然要素种类较多,不同的要素资源,其所有权、使用权、收益权等各不相同。生态产品的价值得不到很好的体现,与目前我国自然资源资产产权制度尚不健全、环境产权制度尚未建立、所有者职责不到位、所有权边界模糊等有着直接关系。产权制度直接关系到生态产品供给主体责任是否清晰、主体权利是否明确、主体利益能否实现,从而关系到生态产品的增值或贬值。解决不好产权问题,就会导致产权主体不明,生态产品价值实现的其他问题就无从谈起。

(三) 公共物品理论

公共物品理论是新政治经济学的一项基本理论,也是正确处理政府与市场关系、政府职能转变,构建公共财政收支、公共服务市场化的基础理论。公共物品是指能够为全社会公共使用的产品的总称,如前所述生态产品具有典型的非竞争性和非排他性。所谓非竞争性是指部分人对某种公共物品的使用不会减少其他人对这一产品使用的数量和质量,非排他性则是指部分人对某种公共物品的使用不能够阻止其他人对这一产品的使用。由清洁水源、清新空气等生态要素构成的生态产品明显具有这一特性。因而在对生态产品进行研究时要充分考虑到它的公共物品特性。而在享受生态产品带来的价值时,存在着显著的"搭便车"的现象,造成生态产品的受益群体庞大且难以明确,继而难以找到生态产品价值的付费者。在生态产品价值的实现过程中,应根据生态产品价值惠及范围的大小或生态产品消费群体的大小来明确生态产品价值的付费者,即具有典型公共产品属性的生态产品可以由政府付费(如生态补偿等),由部分群众享受的生态产品价值以收取税费等形式由受益群体付费,而具有私人产品性质的生态产品价值,则由明确的消费者付费(如生态农产品、生态旅游的价值)。

(四)外部性理论

外部性理论是环境经济学的基础。外部性是指某一个体在从事经济活动时,给其他个体造成了积极或消极影响,却没有取得应有的报酬或没有承担应有的责任。生态环境的外部性主要体现在两个方面:一是由于人类活动造成生态环境破坏,进而对其他人造成不良影响,可称之为生态环境的负外部性;二是对于生态环境的保护,生态产品的生产能力得到强化,而使未参与这一活动的人群同样享受到因环保所带来的效益,可称之为生态环境的正外部性。但是,针对生态环境保护和破坏的正外部性和负外部性均未在成本和价格中得到体现,会造成生态环境保护行为因未得到合理补偿而供给不足,以及生态环境破坏行为的成本小于其实际造成的损失而供给过多。外部性的存在说明市场和政府都有可能出现失灵,无论是正外部性还是负外部性都导致无法实现资源配置的帕累托最优。因此,需要对外部性进行治理,实现外部性的内部化,主要途径包括政府和市场两种途径,即环境经济学常用的庇古手段和科斯手段。庇古提出了著名的"庇古税"理论,即对产生负外部性的经济行为主体课以税收,对产生正外部性的经济行为主体进行补贴,从而实现资源配置的帕累托最优。根据科斯的理论,产权设置是优化资源配置的基础,解决外部性的关键是明确产权,即可以通过交易成本的选择和私人谈判、产权的适当界定和实施来实现外部性的内部化。外部性理论为生态产品价值实现采取政府和市场两种主要方式提供了理论指导。

三、生态产品价值实现基本逻辑

生态产品是资源、文化、经济、社会的综合产物,具有多层次的价值体系,这是其区别于一般商品最为显著的特征。在生态文明建设背景下,生态产品的价值更多地体现在使用价值、资产价值、资本价值、经济价值、社会价值(如就业)等,实现路径也相对多样化。在生态产品价值实现过程中,调查监测、确权登记、价值评价是基础和前提,经营开发和保护补偿是两种重要路径。本节参照一般商品"生产—流通—交换—消费"全过程,尝试厘清生态产品从供给者到消费者中间的价值实现环节和过程,并明确自然资源管理在此过程中发挥的作用。

生态产品价值实现是指综合运用政府、市场等手段调节生态产品供给中利益相关者的环境利益及其经济利益分配关系的制度安排。以流域为例,流域是山、水、林、田、湖、草等生态要素的生命聚合体,在流域生态产品价值实现过程中,流域上游地区的生态产品提供者(农民、伐木者或保护区管理员)会因维持林地利用方式所产生的正外部性收益无法进入私人收益函数而存在改变土地利用类型的非预期行为,如转变成农业用地,流域生态系统的整体性、系统性及内在规律会使下游地区的利益相关者获得较少的供水服务、生物多样性、碳汇等生态产品。只有提供给生态产品提供者的实际补偿高于他们从其他任何可能的土地利用类型中获得的额外收益(否则生态产品提供者会改变土地利用类型),且小于森林生态系统对生态产品使用者的价值(否则生态产品使用者将不愿意支付),才会产生维持林地利用类型的经济激励。

四、生态产品价值实现重大意义

"辨方位而正则。"自然生态资本是地球的自然资源储备,自然生态是有价值的,其价值实现是我国生态文明建设在理念上的重大变革,也是新时代抓主要矛盾带动全局工作的重要基础。党的十八大以来,党和国家始终坚持底线思维的价值目标,并对此提出了一系列生态文明建设新理念、新思想、新战略,对生态文明各项工作的部署均体现了这些基本要求,生态产品已成为生态文明建设的关键词。把探索"生态产品价值实现"作为全面深化改革总体部署、长远规划的一项重要内容,充分体现了新时期生态文明建设的新高度。满足人民群众的合理需求应是任何时期、任何国家社会建设的重要功能。当前,我国社会生产能力在许多方面迈入世界前列,社会主要矛盾也已转变为人民日益增长的美好生活需要和不平衡不充分发展之间的矛盾,这个发展阶段正推动着自然资源的供给从满足"生存机会"转向满足"生活品质"的需求,突显了全方位、多层次的生态产品需求与目前生态产品供给总量趋紧的矛盾辩证意蕴,解决新发展理念下的生态产品开发、利用、保护、修复中客观存在的不平衡、不充分的矛盾和问题,具有重要的理论意义和现实意义。

"凡益之道,与时偕行。"进入新时代,国内发展环境和条件正发生深刻变化,我国经济正由高速增长阶段转向高质量发展阶段,奏响了高质量发展的最强音。优美的生态环境既是引领高质量发展的结果,也是缔造高质量发展的标准、建设美好家园的重要目标,同时又是影响高质量发展和高质量生活的内在有效变量。当前发展关键期、改革攻坚期以及矛盾凸显期同步交织,国内生态产品的供给体系、需求体系对生态系统服务要求升级,需求结构和消费结构需要生态产品更加适配,构建生态产品价值实现机制乃国势所趋、民意所系,不仅是高质量发展的生态要求,也是构建高质量现代经济体系的必然要求,更是人民日益增长、不断升级和个性化的美好生活向往需求对嵌入的生态产品供给能力和质量提出的更高期望和诉求。生态产品的本质是自然要素,与自然资源不可分割。联合国环境规划署(UNEP)对自然资源的定义为"在一定时间、地点的条件下能够产生经济价值的,以提高人类当前和将来福利水平的自然环境因素和条件的总和"。自然资源作为生态文明建设的重要载体,生态产品是践行"绿水青山就是金山银山"的有形物质,山水林田湖草生命共同体是生态系统的重要组成部分,内嵌于生态系统并在生态产品供给方面发挥着极为重要的作用。推进国家治理体系和治理能力现代化是中共中央提出全面深化改革的总目标之一。随着新时期自然资源统一管理职能的调整和机构合并,新时代党中央赋予了自然资源管理部门作为全民所有自然资源"大管家"的职责,即统一行使所有国土空间用途管制和生态保护修复的职责。通过深化改革,让土地、矿产、森林、草原、湿地、水流、海洋等自然资源资产管理回归到适应国家治理体系和治理能力现代化的建设目标上来。由此可见,夯基垒台,构建彰显自然资源供应新模式,加快探索生态产品价值实现机制与路径,履行好提供生态产品公共服务职责,统筹推进自然资源优化配置和资产保值增值,为推动高质量发展添薪续力,不仅是建立系统完备的生态文明制度体系的内在要求,也是现行自然资源管理体制机制的逻辑起点和基点,契合做好新时代自然资源管理工作的根本遵循,直接承载着不断推进全面深化改革总目标实现的重大职责。

下 篇
生态产品价值实现路径

生态产品价值实现理念是我国生态文明建设思想的重大变革,是贯穿习近平生态文明思想的核心主线,是实现"绿水青山就是金山银山"理论的物质载体和实践抓手。生态产品价值实现的实质就是生态产品的使用价值转化为交换价值的过程。虽然生态产品基础理论尚未成体系,但国内外已经在生态产品价值实现方面开展了丰富多彩的实践活动。

在国际上,哥斯达黎加开展了市场化的生态补偿,美国湿地缓解银行探索了市场化的生态恢复模式,巴西以自然保护区面积为主要指标作为财政转移支付的依据。在国内,福建省率先提出生态产品价值实现先行区的建设目标,丽水市、抚州市等地出台了生态产品价值实现机制试点方案,开展了生态产品市场交易的实践探索。本篇通过系统收集国内外有关的实践案例,归纳实践路径包括行政手段、技术手段、经济手段等,可以为我国开展试点示范提供可操作的经验,为地方政府、企业和金融机构培育生态产品产业发展提供指导,为全面建成小康社会后巩固扶贫成效提供重要的模式与路径(如图4所示)。

图 4　生态产品价值实现路径

一、行政手段

行政手段是利用政府权力,通过制度保障、生态补偿、绩效考核、生态认证和产业规划等方式,对生态产品进行管理和调控。行政手段通过制定和实施法律法规、政策文件和行业标准等,对生态产品进行规范和引导。生态补偿是通过政府补贴、税收优惠等方式,对生态友好型产业和产品进行经济补偿,激励企业和农民采用生态友好型的生产方式。绩效考核是通过对政府部门的考核评价,进行监督和激励。生态认证是通过第三方机构对生态产品的质量和环境友好性进行认证,提高产品的市场竞争力。产业规划是通过政府部门的规划指导,引导生态产业的发展方向和布局。

在生态产品价值实现中,行政手段发挥着重要作用。通过制度保障和生态补偿,为生态产品生产提供政策和资金支持,促进生态产品价值增益;激励企业和农民采用生态友好型的生产方式,减少资源浪费和环境污染,实现资源的可持续利用,有助于推动生态产业的发展,实现经济效益和生态效益的双赢。

（一）制度保障

生态产品价值实现是一项庞大、系统、完整的工程,用制度建设促进和保障生态文明,既是对现有制度的继承、改革与发展,又是在保护优先的价值取向下制定规范和规则的创新性工作。在实际工作中,大量配套政策的出台是路径实现的保障。

2010 年 12 月,国务院《关于印发〈全国主体功能区规划〉的通知》中,首次从国家顶层设计层面提出生态产品权威概念并对生态产品定义进行界定:"生态产品是维系生态安全、保障生态调节功能、提供良好人居环境的自然要素""保护和扩大自然界提供生态产品能力的过程也是创造价值的过程"。2012年11月，党的十八大报告首次提出要"增强生态产品生产能力"。2015年9月，《生态文明体制改革总体方案》中提出"树立自然价值和自然资本理念，自然生态是有价值的"。2015年12月，《中共中央 国务院关于加快推进生态文明建设的意见》提出"良好生态环境是最公平的公共产品，是最普惠的民生福祉"。2016年8月，中共中央办公厅、国务院办公厅下发《关于设立统一规范的国家生态文明试验区的意见》，提出"探索建立不同发展阶段环境外部成本内部化的绿色发展机制""为企业、群众提供更多更好的生态产品"，建立健全生态产品价值的实现机制，并率先在贵州、浙江、江西和青海四省开展生态产品市场化先行试点工作，随后福建、海南两省分别被列为生态产品价值实现的先行区、试验区，推行生态产品市场化改革，探索绿水青山转化为金山银山的发展路径。2017年1月，国务院印发的《全国国土规划纲要（2016—2030年）》提出"建立健全国土空间开发保护和用途管制制度，全面实行自然资源资产有偿使用制度和生态保护补偿制度，将资源消耗、环境损害、生态效益纳入经济社会发展评价体系。"2017年10月，《中共中央 国务院关于完善主体功能区战略和制度的若干意见》中，首次提出"要建立健全生态产品价值实现机制，挖掘生态产品市场价值""科学评估生态产品价值，培育生态产品交易市场"，首次对生态产品价值的实现工作提出了具体要求。2017年10月，党的十九大报告中对生态产品的要求进一步深化，明确提出"既要创造更多的物质财富和精神财富，也要提供更多优质生态产品以满足人民日益增长的优美生态环境的需要"。2018年4月，习近平总书记在深入推动长江经济带发展座谈会上强调指出："选择具备条件的地区开展生态产品价值实现机制试点，探索政府主导、企业和社会各界参与、市场化运作、可持续的生态价值实现路径。"2018年5月，习近平总书记在全国生态环境保护会议上强调："要加快建立健全'以产业生态化和生态产业化为主体的生态经济体系'。"2019年5月，中共中央、国务院发布的《关于建立健全城乡融合发展体制机制和政策体系的意见》中进一步提出"探索生态产品价值实现机制"改革事项。2019年6月，中共中央办公厅、国务院办公厅印发《关于建立以国家公园为主体的自然保护地体系的指导意见》，提出"提升生态产品供给能力，维护国家生态安全，为建设美丽中国、实现中华民族永续发展提供生态支撑"。表1汇总了从中央到地方各级政府对生态产品价值实现所出台相关政策文件。

表1 中央及地方各级政府出台的相关政策文件

发布机构	政策名称	主要内容	文号	发布日期
中共中央办公厅、国务院办公厅	《关于建立健全生态产品价值实现机制的意见》	建立生态产品调查监测、价值评价机制,健全生态产品经营开发、保护补偿、产品价值实现保障和推进机制	中办发〔2021〕24号	2021-4-26
广东省人民政府办公厅	《广东省建立健全生态产品价值实现机制的实施方案》	建立自然资源调查监测机制,建立生态产品价值评价机制,健全生态产品经营开发机制,完善生态产品市场交易机制以及保护补偿机制,健全生态产品价值实现保障机制,建立生态产品价值实现推进机制	粤府办〔2022〕30号	2022-11-10
中共贵州省委办公厅、贵州省人民政府办公厅	《贵州省建立健全生态产品价值实现机制行动方案》	建立生态产品调查监测机制,构建生态产品价值评价机制,建立生态产品经营开发机制,健全生态产品保护补偿机制以及实现保障机制,建立生态产品价值实现推进机制	未公开	2022-8-8
山西省发展和改革委员会、山西省自然资源厅、山西省生态环境厅等11个机构	《关于建立健全生态产品价值实现机制的实施意见》	围绕建立生态产品调查监测机制、产品价值评价机制,健全生态产品经营开发机制、保护补偿机制,建立生态产品价值实现推进机制,提出二十五项措施,明确责任单位	晋发改资环发〔2022〕182号	2022-7-8
福建省发展和改革委员会	《福建省发展和改革委员会关于印发建立健全生态产品价值实现机制的实施方案的通知》	围绕建立生态产品调查监测机制、生态产品价值评价机制、生态产品经营开发机制、生态产品保护补偿机制、生态产品价值保障机制和生态产品价值实现推进机制等六大方面,提出20项重点工作,明确责任单位	闽发改生态〔2022〕175号	2022-3-30
中共吉林省委办公厅、吉林省人民政府办公厅	《关于建立健全生态产品价值实现机制的实施意见》	围绕建立生态产品调查监测机制、生态资产确权机制、生态产品价值评价机制,健全生态产品市场经营开发机制、生态资源权益交易机制、生态产品补偿机制、生态产品价值实现保障机制七点,提出二十四项重点工作,推动形成具有吉林特色的生态产品价值实现新模式	未公开	2022-1-20

续表

发布机构	政策名称	主要内容	文号	发布日期
中共江苏省委办公厅	《江苏省建立健全生态产品价值实现机制实施方案》	建立生态产品调查监测机制、价值评价机制,健全生态产品经营开发机制、保护补偿机制、价值实现保障机制,建立生态产品价值实现推进机制,不断集聚"强富美高"新江苏建设的绿色动能,努力建设人与自然和谐共生的现代化	未公开	2022-3-15
中共江西省委、江西省人民政府	《关于建立健全生态产品价值实现机制的实施方案》	围绕构建生态产品价值核算评估体系、畅通生态产品价值实现多元化路径,健全生态产品价值实现保障机制,建立生态产品价值实现推进机制,提出二十五条工作,为推动形成具有中国特色的生态产品价值实现机制提供"江西方案"	赣发〔2021〕16号	2021-6-23
内蒙古自治区党委办公厅、自治区人民政府办公厅	《关于建立健全生态产品价值实现机制的实施方案》	围绕建立生态产品监测和价值核算机制,拓展生态产品价值实现路径,构建生态产品市场交易体系,完善生态产品价值实现保障机制和加强组织领导,提出十五条工作,为把祖国北部边疆这道风景线打造得更加亮丽提供有力支撑	未公开	2022-11-20
中共广西壮族自治区委员会办公厅、广西壮族自治区人民政府办公厅	《关于建立健全生态产品价值实现机制的实施意见》	围绕建立生态产品调查监测机制、生态产品价值评价机制、生态产品经营开发机制、生态产品保护补偿机制、生态产品价值保障机制和生态产品价值实现推进机制等六大方面,提出20项重点工作,全面推动经济社会发展绿色转型,让八桂大地青山常在、清水长流、空气常新	桂办发〔2021〕21号	2021-8-30
新疆维吾尔自治区党委办公厅、自治区人民政府办公厅	《关于建立健全生态产品价值实现机制的实施方案》	围绕开展生态产品调查监测、价值核算与评估,加快推进生态产品产业化利用,积极推进生态产品保护补偿,开展生态产品市场交易,健全生态产品价值实现保障机制,以产业化利用、价值化补偿、市场化交易为重点,加快完善生态产品价值多元化实现路径,着力构建绿水青山、冰天雪地转化为金山银山的政策制度体系,努力打造具有新疆特色的生态文明建设新模式	未公开	2022-1-27

续表

发布机构	政策名称	主要内容	文号	发布日期
宁夏回族自治区自然资源厅、林业和草原局	《宁夏回族自治区自然资源领域生态产品价值实现机制建设方案(试行)》	设定基本原则4条,推动建立生态产品调查监测评价机制,建立健全自然资源资产产权运营机制,推动建立生态资源权益交易机制,创新吸引社会资本参与生态保护修复新机制,积极推进生态产品产业化经营,完善生态补偿和自然资源资产损害赔偿机制,健全生态产品价值实现支撑保障机制	宁自然资发〔2022〕181号	2022-9-5
中共海南省委办公厅、海南省人民政府办公厅	《海南省建立健全生态产品价值实现机制实施方案》	设定以下重点任务,开展生态产品调查监测,建立生态产品价值评价制度,将生态环境资源转化为特色产业优势,促进生态产品价值增值,推动生态产品交易国内国际双循环精准供需对接,建立生态环境保护利益导向机制;健全生态产品价值实现推进工作机制	琼办发〔2021〕56号	2022-1-5
中共河南省委办公厅、河南省人民政府办公厅	《关于建立健全生态产品价值实现机制的实施意见》	建立生态产品调查及价值评价机制,健全生态产品经营开发机制,建立健全生态产品保护补偿机制,健全生态产品价值实现保障机制,建立生态产品价值实现推进机制,围绕上述任务提出十六条措施	未公开	2022-6-15
中共浙江省委办公厅、浙江省人民政府办公厅	《关于建立健全生态产品价值实现机制的实施意见》	建立调查监测机制,健全价值评价机制、经营开发机制、保护补偿机制、保障机制,建立推进机制,明确了浙江省生态产品价值实现机制的"四梁八柱"	未公开	2021-11-16
中共青海省委办公厅、青海省人民政府办公厅	《青海省推动建立健全生态产品价值实现机制的实施方案》	加快完善政府主导、企业和社会各界参与、市场化运作、可持续的生态产品价值实现路径,着力构建具有青藏高原区域特色的生态产品价值实现调查监测、核算评价、经营开发、保护补偿、实现保障和推进实施机制,构建"两山"双向转化、具有青海特色的生态文明模式,为建设美丽中国做出青海贡献	未公开	2022-6-22

续表

发布机构	政策名称	主要内容	文号	发布日期
湖北省发展与改革委员会	《湖北省建立健全生态产品价值实现机制实施方案》	未公开	鄂发改长江〔2022〕80号	2022-3-8
山东省发展与改革委员会	《关于印发〈贯彻落实《中共中央办公厅 国务院办公厅关于建立健全生态产品价值实现机制的意见》的实施方案〉的通知》	未公开	鲁发改法规〔2021〕836号	未公开
辽宁省委办公厅、省政府办公厅	《关于建立健全生态产品价值实现机制若干措施》	未公开	辽委办发〔2022〕1号	未公开
天津市委办公厅、市政府办公厅	《天津市建立健全生态产品价值实现机制的实施方案》	围绕建立生态产品调查监测、价值评价机制,健全生态产品经营开发机制、保护补偿机制、价值实现保障机制,建立生态产品价值实现推进机制六点,提出二十条措施	未公开	2022-4-6
云南省委办公厅、云南省政府办公厅	《云南省建立健全生态产品价值实现机制实施方案》	未公开	云办发〔2022〕25号	2022-4-18
河北省委办公厅、河北省政府办公厅	《关于建立健全生态产品价值实现机制的实施意见》	未公开	未公开	2021-6-30
重庆市生态环境局	《重庆市"碳惠通"生态产品价值实现平台管理办法(试行)》	确定"碳惠通"方法学、项目及减排量管理,"碳惠通"减排量抵消管理,"碳惠通"低碳场景建设	渝环〔2021〕111号	2021-9-14
江苏省苏州市政府办公室	《苏州市建立健全生态产品价值实现机制》	提出苏州市建立健全生态产品价值实现机制的主要目标,明确张家港市和吴中区为省级试点,探索建立产业准入对生态环境负面影响的评估机制,推进以生态权益指标交易为基础的生态价值赔偿机制试点	未公开	2022-9-13

续表

发布机构	政策名称	主要内容	文号	发布日期
江苏省宿迁市	《宿迁市建立健全生态产品价值实现机制试点工作实施方案》	从六大方面全面开启宿迁市生态产品价值实现机制全域试点	未公开	2022-6-23
浙江省丽水市人民政府办公室	《丽水市生态产品价值实现"十四五"规划》	以生态产品价值实现机制试点工作为基础,总结丽水市生态产品价值实现和机制试点的成效,剖析存在的主要问题及其原因,并结合国内外形势深入分析"十四五"生态产品价值实现的机遇和挑战,提出"十四五"期间丽水生态产品价值实现的发展目标、总体思路、实现路径、机制创新内容和保障措施	丽政办发〔2021〕77号	2021-12-31
浙江省青田县人民政府办公室	《青田县人民政府办公室关于印发青田县"强村富民"生态产品价值实现资金实施方案的通知》	为解决我县村集体"三资"低效增长和村级集体经济发展滞后的难题,根据《青田县村级集体经济巩固提升五年行动计划》(青委办发〔2021〕16号)的要求,决定设立青田县"强村富民"生态产品价值实现资金(以下简称"专项资金"),特制定本实施方案	青政办发〔2021〕25号	2021-8-18
浙江省开化县人民政府办公室	《开化县人民政府办公室关于印发生态产品价值实现相关配套制度办法的通知》	印发《开化县金融助推生态产品价值实现的指导意见》《开化县生态价值赋权及质押备案办法(暂行)》《开化县项目建设生态价值占补平衡管理办法(暂行)》《开化县GEP(调节服务)交易管理办法(暂行)》一系列办法	开政办发〔2021〕81号	2021-12-30
陕西省商洛市人民政府	《商洛市生态产品价值实现机制试点方案(试行)》	深化生态产品价值转化体制机制改革,打通"绿水青山"与"金山银山"双向通道,促进商洛高质量发展,形成"秦岭模式"与"商洛经验",为打造"一都四区"、建成生态文明示范区贡献力量,特制定商洛市生态产品价值实现机制试点方案	商政发〔2021〕24号	2021-12-3

续表

发布机构	政策名称	主要内容	文号	发布日期
云南省怒江州发展和改革委员会	《怒江州贯彻落实云南省建立健全生态产品价值实现机制的工作方案》	围绕建立生态产品价值评估体系、拓展生态产品价值实现路径、促进生态产品溢价增值、建立生态环境保护利益导向机制等重点任务，为建设和谐幸福美丽新怒江提供有力支撑	怒发改辐射〔2022〕216号	2022-7-12
河北省张家口市政府	《张家口市生态产品价值实现机制试点方案》	重点在生态产品价值核算、供需精准对接、可持续经营开发、保护补偿、评估考核等制度机制方面先行先试，努力探索生态产品"可度量、可抵押、可交易、可变现"的制度路径，形成一批可复制可推广的经验、模式，打造生态产品价值实现的"张家口样板"	未公开	2021-7-31
湖北省武汉市人民政府办公厅	《市人民政府办公厅关于印发武汉市建立健全生态产品价值实现机制实施方案的通知》	设置了"建立生态产品调查监测机制、价值评价机制，健全生态产品经营开发、保护补偿和价值实现保障机制"五项重点任务并列出三项推进措施	武政办〔2022〕92号	2022-7-14
广西壮族自治区梧州市人民政府办公室	《梧州市人民政府办公室关于印发我市生态产品价值实现试点实施方案的通知》	确立了梧州市生态产品价值实现试点工作的指导思想、基本原则、试点目标以及确立了六点重点任务以及工作安排	梧政办发〔2021〕119号	2021-12-31
广西壮族自治区河池市自然资源局、河池市生态环境局	《河池市生态产品价值实现试点实施方案》	立足河池市自然资源本底特征，健全生态产品经营开发机制，持续推进石漠化综合治理，推动"长寿牌"品牌建设提升	未公开	2021-12-31
江西省新余市人民政府	《关于建立健全生态产品价值实现机制的工作方案》	开展生态产品调查监测，开展生态产品价值核算与评估，深入推进生态产品产业化利用等	余府发〔2022〕2号	2022-1-11
江西省峡江县人民政府办公室	《峡江县进一步强化生态产品价值实现工作实施方案》	改革引领大发展，探索政府主导、企业和社会各界参与、市场化运作、可持续的生态产品价值实现路径。为推动形成具有吉安特色的生态产品价值实现机制提供"峡江方案"，努力在峡江闯出一条新时代绿色发展的新路	峡府办字〔2022〕71号	2022-7-20

续表

发布机构	政策名称	主要内容	文号	发布日期
福建省厦门市发展和改革委员会	《厦门市建立健全生态产品价值实现机制工作方案》	加快完善政府主导、企业和社会各界参与、市场化运作、可持续的生态产品价值实现路径，着力构建绿水青山转化为金山银山的政策制度体系，不断提高"美丽厦门"生态品牌知名度，为全方位推进高质量发展超越提供绿色动能	未公开	2022-5-27
福建省武平县人民政府	《武平县人民政府关于印发武平县建立健全生态产品价值实现机制试点方案的通知》	建立健全生态产品价值实现机制，有利于我县全面实施"融入两区、生态立县、产业兴城、旅游富民"县域发展战略，持续深化改革，转变发展方式，促进生态资源优势转变为经济发展优势，推动一二三产业融合发展，增进民生福祉，建设健康武平，打造闽粤赣省际宜居宜业宜旅的生态文明示范城市，打造有温度的幸福武平具有重要意义	武政文〔2021〕183号	2021-11-23
贵州省江口县人民政府办公室	《江口县生态产品价值实现机制试点工作责任分解方案》	围绕建立健全生态产品价值核算体系、探索物质产品价值实现路径、探索服务功能产品价值实现路径、建立健全生态产品价值实现体制机制、建立生态产品价值实现支撑体系	江府办发〔2021〕56号	2021-09-29

生态产品与自然资源密不可分，是自然生态系统与人类生产共同作用所产生的结晶产物。自然资源作为生态产品的自然本底和供给主体，为生态产品的生产和价值实现提供了最基本的物质基础和空间保障，自然资源部门应当成为生态产品价值实现的制度供给者和重要管理者。自然资源领域政策制定主要从调查监测、规划引导、价值评价、经营开发、生态保护和政策创新6个方面构建生态产品价值实现机制。

一是健全生态产品调查监测机制。在第三次全国国土调查、自然资源统一确权登记、全民所有自然资源资产清查工作基础上，明确生态产品具体内涵和类型，制定生态产品目录。依托全民所有自然资源资产委托代理机制试点工作，清晰界定生态产品产权主体，厘清所有权和使用权边界。制定不同类型生态产品调查技术路线，摸清生态产品数量分布、质量等级、保护和开发利用状况等；加强对城乡接合部、城市内部生态产品的调查监测。在自然资源管理信息平台上增设生态产品信息专项,建立生态产品动态监测机制,探索信息开放共享机制。

二是健全国土空间规划引导机制。① 将生态产品价值实现嵌入国土空间规划编制实施全过程。强化规划引领,从生态产品价值实现的供应端和需求端入手,围绕"资源变产品""产品变商品"两个核心环节,针对生态产品价值实现指标设置、功能分区、工程设定等方面开展研究,并在国土空间规划中做出统筹安排。② 聚焦关键环节,强化国土空间规划传导作用。重点关注国土空间综合整治、生态保护修复、土地储备与利用、产业提升与布局、乡村振兴、设施完善等环节,探索不同环节中生态产品的表现形式和价值转化路径,通过五级三类国土空间规划体系实现有效传导,充分发挥国土空间规划理念引领、价值引领、功能引领、工程引领和机制引领的作用。

三是建立生态产品价值评价机制。① 研究生态产品价值核算方法,制定价值核算规范体系。将国外先进经验和国内试点成果相结合,分类制定生态产品价值核算指南,明确核算指标体系、核算方法和数据来源等。完善生态产品价格形成机制,系统设计不同区域的生态产品市场基准价格参考体系,提高生态产品价值核算的共识度。② 明确价值核算结果应用方向。探索生态产品价值核算结果在生态补偿、生态损害赔偿、生态产品交易、生态资源权益交易及政府绩效考核评价中的应用路径。

四是创新生态产品经营开发机制。① 提升生态产品供给能力。加大引导宣传力度,提升各地生态产品培育意识;充分发挥耕地、矿产、森林、海洋等资源保护,以及国土空间综合整治和生态修复等各项工作在生态产品生产过程中的作用,促进生态产品保值增值;因地制宜发展生态农业、生态工业和生态服务业,全面提升生态产品的生产水平和供给能力。② 培育发展生态产品交易市场,拓宽价值实现路径。依托自然资源资产产权制度改革,明晰生态产品权利类型,完善生态产品使用权的出让、转让、出租、作价出资入股等权能;完善交易规则和交易机制,强化交易监管。紧紧围绕"产业生态化、生态产业化",提炼和挖掘生态产品价值转化路径,加大国土空间综合整治和生态修复力度,增加生态投入、激励生态生产、引导绿色消费,促进生态价值与经济价值的持续稳定协同增长。

五是建立健全生态保护补偿机制。落实《关于深化生态保护补偿制度改革的意见》要求,积极参与推进生态保护补偿制度改革。① 做好基础工作支撑。明晰的空间范围和产权主体、科学的资产价值是做好生态保护补偿的前提,因此要充分做好调查监测、确权登记、价值核算等基础工作,为建立横向、纵向生态保护补偿机制提供交易价值测度依据。② 探索建立自然资源领域生态环境损害赔偿制度。积极预防、制止破坏全民所有自然资源资产行为,依法严肃查处损害所有者权益的违法犯罪行为,探索建立对全民所有自然资源损害依法请求赔偿的工作机制。

六是创新政策保障机制。① 建立政策池。构建部门沟通协调机制,集成应用财政、金融、税收等激励政策,整合财政转移支付、国土空间综合整治、生态修复、乡村振兴等资金,改善生态产品相对集中地区的基础设施和公共服务设施水平;集成应用自然资源管理部门政策,增加资金投入和用地政策支持。② 结合全民所有自然资源资产所有者权益委托代理机制试点等各项试点和改革工作,健全生态产品有偿使用、收益分配等管理制度。③ 强化监督考核。建立"国家-省-市-县"四级贯通、上下联动的考核工作组织架构,把落实生态产品价值实现任务完成情况纳入年度综合考评和绩效考核工作;探索将生态产品价值核算结果作为领导干部自然资源资产管理考核重要参考的操作路径。

湖南省怀化市七部门出台《关于金融支持怀化市绿色低碳发展的若干措施》

怀化市生态环境局等部门出台《关于金融支持怀化市绿色低碳发展的若干措施》,采取窗口指导、灵活运用再贷款、再贴现、推动主办行合理安排信贷资源、开辟绿色通道、简化审批流程、创新信贷产品等措施,引导辖内金融机构创新推出"生态贷"等新型信贷产品。当地金融机构与政府签订战略合作协议,作为"绿色金融共建单位",共同探索"生态产品价值实现机制"与"碳汇金融"发展模式,共同促进农业生态产业发展。

浙江省丽水市青田县出台《关于青田县生态产品使用权抵押贷款试点的指导意见》

《关于青田县生态产品使用权抵押贷款试点的指导意见》提出,生态产品"所有权、使用权和经营权"可"三权分置",其中,所有权为国有、集体所有,使用权、经营权可授权集体经济组织使用。祯埠镇政府将区域范围内的生态产品使用权赋权给生态强村公司,青田县农商银行以生态产品产权证书为质押,向生态强村公司发放了"GEP贷"500万元。

浙江省丽水市出台《关于促进GEP核算成果应用的实施意见》

丽水市出台《关于促进GEP核算成果应用的实施意见》,促进形成GEP"进规划、进决策、进项目、进交易、进监测、进考核"的应用体系。全市将生态产品价值实现工作纳入干部离任审计内容,把GEP增长、GDP增长、GEP向GDP转化率、GDP向GEP转化率等4个方面30项指标列入市委对各县(市、区)年度综合考核指标体系,为生态产品价值实现提供制度保障。

(二)生态补偿

《国务院关于生态补偿机制建设工作情况的报告》将生态补偿机制描述为"在综合考虑生态保护成本、发展机会成本和生态服务价值的基础上,采取财政转移支付或市场交易等方式,对生态保护者给予合理补偿,是明确界定生态保护者与受益者权利义务、使生态保护经济外部性内部化的公共制度安排"。通常来说,生态补偿机制按照"谁开发谁保护、谁受益谁补偿"的原则,通过财政转移支付或者市场交易方式对生态保护者进行补偿,实现对自然资源的有效保护。其作用机理主要体现在两个方面:一方面,通过生态保护,减少对生态环境的破坏和自然资源损害;另一方面,利用生态补偿,加大对林业、湿地、海洋及国家公园体制等重点生态领域的生态保护力度。

区别于生态产品价值实现的其他模式,生态保护补偿大多采用普惠式的、单方向的生态产品价值实现机制。虽然会对受补偿的一方附加一定的生态保护要求和条件,但生态补偿大多是由政府或公益组织作为购买代理人在统一的政策框架下向生态产品供给方实施的单方向的给予或补贴,价值实现的市场化、多元化程度相对较低。从生态产品价值实现的程度来看,当生态保护补偿的数额远低于所补偿的生态产品的使用价值,生态产品交换价值实现的程度相对较低,仅依靠生态保护补偿很难完全调动起受补偿区域或个人生态保护的积极性,需要开展其他形式多样的实现形式才能较为充分地提高生态产品交换价值的实现程度。

自"十一五"规划提出建设生态补偿机制以来,生态补偿机制在政策层面得到不断发展完善。最初我国生态补偿政策分散在大气、海洋、草原、水等各类环境与资源单行法中,如《中华人民共和国大气污染防治法》《中华人民共和国水法》《中华人民共和国草原法》等。2014年《中共中央 国务院关于全面深化农村改革加快推进农业现代化的若干意见》中提出,完善森林、草原、湿地、水土保持等生态补偿制度。2015年中共中央、国务院印发《生态文明体制改革总体方案》,提出健全资源有偿使用和生态补偿制度。2016年国务院办公厅印发《关于健全生态保护补偿机制的意见》,指出实施生态保护补偿是调动各方积极性、保护好生态环境的重要手段,是生态文明制度建设的重要内容。2018年国家发展和改革委员会、财政部、自然资源部等九部委联合印发《建立市场化、多元化生态保护补偿机制行动计划》,2019年国家发展和改革委员会印发《生态综合补偿试点方案》,为推进生态补偿机制市场化、多元化发展明确了方向。可以说,生态补偿机制经历了从建立到试点再到健全和深化的发展演化过程。同时,为了与生态补偿机制相匹配,针对森林、湿地、草原等主要生态系统分别建立了相应的补偿基金制度,如森林生态效益补偿基金制度(2004年)、重点生态功能区转移支付制度(2008年)、湿地生态补偿制度(2010年)、草原生态补偿制度(2011年),并结合国内实际,积极探索建立了矿山环境治理和生态恢复责任制度以及水资源和水土保持生态补偿机制等。

我国生态补偿资金来源以政府预算资金为主,资金来源较为单一。为丰富扩展生态补偿资金覆盖领域,财政部、自然资源部、生态环境部、水利部等多个部委出台了一系列政策文件,内容涵盖税收法律法规、生态补偿政策、资金管理办法、绿色金融政策、排污权交易政策、建立环保资金项目库等多个方面,基本实现了对7个重点领域(草原、森林、流域、湿地、海洋、耕地、荒漠)禁止开发区域及重点生态功能区的生态补偿全覆盖。

1. 生态补偿类型

政府主导的生态补偿方式是我国生态补偿实践的主要组成部分,该补偿方式是基于行政力的强制保障,由政府通过财政转移支付、专项基金、政策倾斜等非市场途径对环境保护者给予合理补偿的运行方式,既是保障国家生态安全和生态服务供给的重要途径,也有助于区域协同发展、社会公平和提高区域治理能力。生态补偿方式包括纵向生态补偿、横向生态补偿、政府对单位或个人提供补偿三种类型,本节主要对前两种进行阐述。

1.1 纵向生态补偿

纵向生态补偿是我国实现生态补偿的重要手段,是指上一级政府对下一级政府为生态保护与修复而实施的财政转移支付,即中央财政在均衡转移支付项下设立国家重点生态功能区转移支付,激励各地区强化生态环境保护,提高国家重点生态功能区等生态功能重要地区所在地政府的基本公共服务保障能力。近年来,中央对地方重点生态功能区纵向转移支付预算资金规模呈现明显的递增态势。根据财政部《关于下达2022年中央对地方重点生态功能区转移支付预算的通知》,2022年中央对地方重点生态功能区转移支付合计为982亿元。

根据资金拨付形式,纵向生态补偿又可细分为一般转移支付和专项转移支付两种形式。

(1) 一般转移支付,又称为一般用途的支付、无条件转移支付或无条件补助,是指上下级政府间依据财政公平原则再分配资金时,没有明确规定资金用途的,依据固定公式分配具体转移支付额度,以平衡地区间管辖权的财政能力(相对收入能力)和财政需要(相对支出需要)。一般有三种均衡形式,即基于收入能力的均衡、基于支出需求的均衡和基于实际支出和收入之间的缺口的均衡。

广西设立重点生态功能区转移支付

为推动主体功能区规划的落实,加快国家重点生态功能区建设的步伐,根据《中央对地方重点生态功能区转移支付办法》,广西壮族自治区于2009年设立重点生态功能区转移支付,其性质是一般转移支付中的均衡性转移支付,在广西《重点生态功能区转移支付办法》中,因素分配法主要适用于重点补助和引导性补助资金的分配,其中国家重点生态功能区所属县是主要的重点补助对象。对纳入转移支付范围的重点补助区域、引导类区域所属县以上年分配数为基数,同时根据财力缺口、石漠化防治、森林覆盖、国家级保护区、漓江保护等客观因素对增量资金进行分配。广西10个国家级重点生态功能区所属县转移支付资金分配总额,由2014年的54 237万元增加至2018年的71 283万元,总增长率约为23.9%,年均增长率约为4.8%。其中2014—2016年,这10个重点生态功能区所属县转移支付资金分配金额增长较快,原因是金秀、富川、恭城、蒙山四县于2016年由区一级重点生态功能区升级为国家级重点生态功能区,转移支付资金出现大幅增长。通过均衡性生态补偿,广西生态保护水平得到大幅度提高。

(2) 专项转移支付,又称为专项补助、特定目的转移、有条件转移支付、有条件拨款等,是指委托人规定了资金使用的特定公共项目或活动的目标,也限制了公共支出的类型或公共服务的某些成果,并根据支出事项的事权确定拨款的方式。中央事权由中央承担全部资金;中央和地方共同事权由二者按一定比例承担资金;地方事权由中央给予奖励性或引导性补助。我国的专项转移支付大多采用因素法、项目法及因素法和项目法相结合的方法进行分配。在我国生态补偿机制中,专项转移支付主要应用在退耕还林还草、水土流失治理、天然林保护等方面,对于弥补生态保护成本、缓解生态保护与经济发展之间的矛盾发挥了重要作用。

中央财政转移支付保障三江源地区生态保护修复

三江源自然保护区是我国最主要的水源地和全国生态安全的重要屏障,关系全国生态战略安全和长远发展。近年来,财政部根据党中央、国务院关于加强环境保护和生态补偿的部署要求,结合财力状况加大对青海省转移支付资金补助力度,由青海省结合本地实际,在政策框架内,按规定统筹中央财政转移支付和自有财力,加大对三江源地区生态保护修复的支持力度,推动生态环境持续改善。2020年,中央财政安排青海省林业草原转移支付32亿元,用于支持天然林保护全覆盖、退耕还林还草和草原生态修复治理,开展大规模国土绿化行动和防沙治沙,完善生态护林员政策,实施森林生态效益补偿,加强湿地保护修复和野生动物保护等,强化森林草原防火和林业有害生物防治,支持构建以国家公园为主体的自然保护地体系等。此外,"十三五"期间,累计安排中央预算内投资81.06亿元,支持青海省实施重点生态工程,有效改善了青海省自然生态质量。

1.2 横向生态补偿

横向生态补偿,即流域间、区域间的生态补偿。横向生态保护补偿的领域除目前实践较多的流域上下游横向补偿外,还有受益地区与生态保护地区间的补偿。横向生态补偿作为生态补偿的一种重要方式,以保护和可持续利用生态系统为目的,通过采用公共政策或市场化手段,调节不具有行政隶属关系但生态关系密切的地区间利益关系的制度安排。需要说明的是,不具有行政隶属关系的地区,既可以是省与省、市与市、县与县等同级行政区,也可以是省与市、省与县、市与县等不同层级行政区。

横向生态补偿一般应用在以下几种环境中:① 自然保护区的生态补偿对象是进行生态建设、符合规划条件的生态功能区。② 流域水环境保护中的横向生态补偿。这是目前横向生态补偿实践中最为成熟、见效显著的一种类型。③ 矿产资源开发中的横向生态补偿。矿产资源开发的生态补偿由政府主导的特征较为显著。④ 水电工程建设中的横向生态补偿。水电开发的生态补偿内容包括两个方面:一是因水电资源开发对受损群体和区域的补偿,二是对因水电开发而受到生态环境影响区域的环境修复和长期保护。

形式丰富的横向生态补偿机制

湖北省鄂州市通过调查确权,将自然生态系统提供的各类服务和贡献统一计量,结果运用于各区之间的生态补偿,并将生态指标纳入各区年度考核。

新安江跨省流域横向生态补偿以跨省断面水质达标情况"对赌"的形式决定补偿资金在浙江、安徽两省的分配比例,"新安江模式"成为国内横向生态补偿的标杆之一。

浙江金华-磐安共建产业园、四川成都-阿坝协作共建"飞地"工业园均是在水资源生态产品的受益区建立共享产业园,由生态产品的供给地区出建设用地指标,受益地区出土地、资金、人力资源和技术,受益地区与供给地区共享经济开发区的 GDP 和财政、税收分成。

纽约饮用水源地也是流域上下游之间开展的跨区域横向生态补偿的典型案例,通过在上游地区综合采用收购土地、保护地役权购买、生态保护恢复工程等措施,用较小的代价为纽约提供了优质饮用水。

法国毕雷矿泉水公司通过对上游的土地所有者提供补偿,保证了水源蓄水层不受农业面源的影响。

澳大利亚马奎瑞河流域的新北威尔士地区当地农民通过集体付费的形式对该地区马奎瑞河上游流域植树造林进行补偿,以期解决马奎瑞河下游流域出现的土地严重盐渍化问题。

厦门-龙岩山海协作经济区是位于九龙江下游的厦门市在上游龙岩地区联合建设开发的经济区,厦门通过提供资金、技术和项目扶持上游地区发展的同时,解决自己土地资源紧张的矛盾,实现上下游共赢发展。

重庆市通过设置森林覆盖率约束性考核指标,明确各方权责和相应管控措施,形成森林覆盖率达标地区和不达标地区之间的交易需求。

2. 生态补偿方式

生态补偿方式是指生态补偿责任主体对被补偿主体进行补偿的途径与形式。生态补偿方式集中体现了补偿责任主体与被补偿主体之间的权利义务关系,是生态补偿制度的中心环节(如图 5 所示)。

图 5 生态补偿方式

2.1 转移支付

政府转移支付是纵向生态补偿的主要形式,纵向生态补偿本质上是政府作为生态保护受益主体的唯一代表,通过生态税费(资源费、排污费、生态补偿费、环境税)等补充财政资金,对发展受限地区实施的一种财政补贴,其价值实现途径主要是政府纵向财政转移支付,以保障其基本公共服务能力。这是上级政府为引导下级政府加强生态建设、保护及修复而设立的转移支付。由于生态功能区大部分地区比较贫困,目前经济较为落后,自身进行生态建设的能力还相当薄弱,生态补偿资金主要依靠财政转移支付。财政资金应该成为生态功能区居民收入的主要来源。财政转移支付资金可由中央政府全部提供,也可要求地方政府按照一定比例提供配置资金。

2019年中央对地方的转移支付中,与生态补偿相关的支出主要包括:中央对地方重点生态功能区转移支付资金811亿元、林业生态保护恢复资金408.84亿元、林业改革发展资金502.80亿元、大气污染防治资金250亿元、水污染防治资金190亿元、农村环境整治资金59.84亿元、重点生态保护修复治理专项资金120亿元等,以上资金共计2342.48亿元。以内蒙古自治区草原生态补偿资金为例,资金主要由中央财政拨付,生态保护效果明显。2011年起,国家每年安排134亿元用于草原奖补激励机制,其中,内蒙古自治区占国家下发总奖补资金的30%。截至2017年7月,内蒙古自治区禁牧休牧范围已经达到4.05亿亩,草畜平衡6.15亿亩,至2019年全区草原植被平均盖度44%,比2010年提高了7个百分点。

截至2022年4月底,财政部已累计下达2022年重点生态功能区转移支付预算982.04亿元。国家林草局自然保护地管理司介绍,在地方层面,《山东省自然保护区生态补偿办法》《山东省省级及以上自然保护区考核指标》明确提出,对省级及以上自然保护区(含国家公园)实施生态补偿。2019—2021年,山东省已累计落实自然保护区生态补偿资金2亿元。政府在生态补偿方面发挥主导作用,激励地方加大生态环境保护力度,提升生态保护成效。

甘肃省建国家生态建设、保护与补偿试验区

甘肃省是我国西北地区重要的生态屏障,是我国生态系统最复杂、最多样的地区之一,是国家生态高度脆弱和敏感区域。特殊的自然环境、地理条件

和省情使甘肃的生态问题与贫困问题、发展问题交织在一起。为妥善处理好经济社会发展与生态环境建设、保护之间的关系,中央加大对甘肃省生态补偿的财政支持,并大力推进生态补偿财政转移支付机制创新,通过设立"国家生态建设、保护与补偿试验区",探索出一条生态文明发展之路。2011年,中央共下达安排甘肃省财政转移支付1300.68亿元,其中返还性补助89.44亿元,一般性转移支付673.4亿元(其中包括生态功能区转移支付27.63亿元),专项转移支付537.8亿元。与西北其他五省区相比,2011年,中央财政补助率(中央财政转移支付占一般预算支出的比重)甘肃省为72.64%,总体来看,甘肃省获得中央财政的补助程度在西北六省区处于中游位置。

江苏省苏州市推动政府购买公共性生态产品

苏州市推动政府购买公共性生态产品,以地方性法规形式出台了《苏州市生态补偿条例》,实现了"谁保护、谁受益"。每年的风景名胜区补偿资金和3/4的生态公益林补偿资金拨付到镇,用于景区改造和保护修复、公益林管护、森林防火等支出;水稻田、重要湿地、水源地补偿资金和1/4的生态公益林补偿资金拨付到村,主要用于村民森林、农田等的股权固定分红和生态产业发展。2019年,苏州市选择金庭、东山地区开展生态涵养实验区建设,将其定位为环太湖地区重要的生态屏障和水源保护地,市、区两级财政在原有生态补偿政策基础上,2019—2023年共安排专项补助资金20亿元,重点用于上述区域的生态保护修复和基本公共服务。

美国政府购买森林

1911年颁行的《威克斯法案》授权美国政府利用财政资金收购私人或其他组织所有的森林,并将其纳入国有林进行管理,通过建立自然保护区或森林公园的形式,强化对重要森林生态系统的保护。

> **欧洲基于生物多样性指标的生态补偿金**
>
> 芬兰、瑞典森林生态补偿是欧洲版"天然林保护工程",根据由18项指标构成的指标体系分级评估森林的生物多样性价值,确定生态补偿的金额。

2.2 生态工程项目

除了强化以封禁为主的自然恢复措施的区域,生态补偿中还经常尝试通过开展生态工程项目实现生态产品价值增益。由国家或地方政府统筹实施退耕还林还草还湿、退围还湖还滩还海、天然林保护、石漠化治理等一系列重大生态建设工程。这些项目主要投资来源是中央财政资金和专项基金,项目范围广、投资规模大、建设期限长,将是今后西部生态功能区生态补偿的重要举措。

中国退耕还林还草20多年的实践,分为1999年起实施的前一轮退耕还林还草和2014年起实施的新一轮退耕还林还草。退耕还林还草工程的实施,改变了农民祖祖辈辈垦荒种粮的传统耕作习惯,实现了由毁林开垦向退耕还林的历史性转变,取得了显著的综合效益。通过实施退耕还林还草,长江、黄河中上游等大江大河流域及重要湖库周边水土流失状况明显改善,北方地区土地沙化和西南地区石漠化得到有效遏制,野生动物栖息环境得到有效修复,使得社会效益和经济效益得到显著提升。

> **天然林资源保护工程**
>
> 中国"天然林资源保护工程"于1998年开始试点,2000年在全国17个省(自治区、直辖市)全面启动,到2010年全面完成了一期工程任务,2011—2020年实施完成了二期工程建设任务。经过20多年的保护培育,国家投入5000多亿元,工程建设取得显著成效,近20亿亩天然林得到全面保护,累计完成公益林建设3亿亩、后备森林资源培育1651万亩、森林抚育2.73亿亩。"天然林资源保护工程"区森林资源得到恢复性增长。通过停伐减产和有效保护,工程区长期过量消耗森林资源的势头得到有效遏制,森林资源总量不断

增加,天然林质量显著提升,生态效益显著提高,野生动物数量增加,绿色食品产业、畜牧业和中药材开发、旅游业等新的经济增长点得到长足发展。我国实施的天然林保护工程可以看作是政府以投资人身份实施的提高生态产品生产能力的生态建设工程。

哥斯达黎加 EG 水公司补偿上游造林工程

哥斯达黎加 EG 水公司为了保证发电所需水量、减少泥沙淤积,补偿上游地区开展植树造林。

2.3 个人补助补贴

生态补偿可针对重要生态空间内对生态环境保护做出贡献的个人或组织,以补偿其付出的生态保护成本支付个人补助补贴。例如我国针对农牧民个人生态保护进行的草原奖补、公益林补助、生态保护公益岗位等补偿方式。

集体和个人所有的公益林管护补助支出

集体和个人所有的公益林管护补助支出,用于集体和个人管护公益林的经济补偿。四川省喜德县国家和省级集体(个人)公益林生态补偿基金,按照国家、省及州相关政策规定,足额兑现给广大林权所有者,从而更好地保障林区群众的合法权益,更有利于生态公益林的保护管理。

护林工岗位补贴

北京市政府在对郊区农村防护林保护中,对护林工进行一定的岗位补贴,一方面激励工人积极性,另一方面提高森林防护力度。

2.4 生态移民

人口是导致生态功能区生态退化的又一个重要因素。技术的引进、资金的投入带来的生态环境改善会因人口的增加而变得毫无意义。对于这些生态自我调节能力相对较弱、人口压力与生态退化之间形成恶性循环的地区,可在周围风俗习惯相近且水力资源较好、生态环境有潜力的地区开发建设一些生态经济区和工业项目,创造就业机会,在自愿基础上,迁出一部分人口,缓解生态功能区人口过多对环境造成的压力,使生态系统获得休养生息的机会。这项补偿方式应在西部生态功能区大力推广。

青海省生态移民

青海的三江源地区,生态十分脆弱。为了从根本上解决三江源地区的生态保护问题,近十几年来,国家进行了大量投资,本着搬得出、住得好、能就业的思路,建设生态移民村。移民村的建设都有整体规划,按照社区进行配套建设和管理,医院、学校、商店、养老机构、文化活动场所一应俱全。移民迁入移民村,基本上达到了"拎包入住"的程度。

北方草原地区的生态移民

我国北方草原地区的生态移民政策始于1998年,该政策的实施旨在解决阴山山脉地区的生态环境问题。2000年左右,我国北方地区频繁遭受沙尘暴袭击,草原环境的荒漠化、植被的退化等现象引起学界和政界的高度关注。有关部门以此为契机,从2002年开始大规模实施了"生态移民工程",其主要目的在于保护草原植被,防止草原进一步沙漠化,恢复草原生态环境,改善牧民生活,进而遏制或减少沙尘暴的进一步蔓延。该工程的主要内容,是生态脆弱地区以游牧为主要生计的散居牧民迁移至草原城镇周边聚居,主要特征是从游牧的传统生活方式向定居模式转变。

2.5 市场交易

市场交易即在市场化生态补偿机制下进行的生态补偿,后文介绍的市场化的一些经济手段也是生态补偿模式的重要形式。市场化生态补偿机制的主要作用在于构建一个将所有利益相关者连接起来的市场,将生态系统服务功能、生态环境要素的权属及环境污染治理的配额等要素投入市场,让所有利益相关者通过一对一交易、公共支付等方式实现生态补偿,双方在讨价还价的基础上决定生态环境产权的价格和实现对受偿者的生态补偿,目前常见的市场化生态补偿模式有水权交易、排污权交易、绿色偿付、生态标签、配额交易。

水权交易

水权市场也被称为水市场或水资源市场,是进行水权转让的场所,是开展流域生态保护与补偿的重要形式。水权市场的建立能够促使水资源从效率低的使用部门流向效率高的使用部门。流域水资源市场是流域相关主体间获得水资源商品和实现跨区域水资源分配的场所,是流域水资源商品的市场化交易模式,是对流域水资源商品的再分配,是提高水资源配置效率和节约用水的重要途径。黄河流域经 20 余年不懈努力已经成为中国现代水权制度建设的典范。从交易行情看,黄河流域 9 省区水权市场活跃,水权交易潜力较大。据中国水权交易所数据统计,自 2016 年开业运营至 2021 年 12 月,全国通过中国水权交易所累计成交 2113 宗交易,其中黄河流域 9 省区累计成交 1831 宗,占比 86%;全国累计交易水量 34.97×10^8 m³,其中黄河流域 9 省区交易水量 32.93×10^8 m³,占比 94.16%。水权交易促进了黄河流域周边省份城市经济发展和生态环境保护。

2.6 综合性生态补偿

与单一性质的专项补偿不同,综合性生态补偿具有四层含义。

一是资金和政策的综合。综合性生态补偿是在整合与生态保护相关资金基础上,通过综合考核指标,对受偿政府综合开展生态保护提供资金。以福建为例,福建省 2018 年开展综合性生态保护补偿试点,以省级为主体,对不同类型、不同领域的生态保护补偿资金按一定比例进行统筹整合,包括省级发展和改革委员会预算内基建与生态保护相关专项、自然资源厅"青山挂白"治理和地质灾害"百千万工程"专项、生态环境厅重点流域生态补偿和小流域"以奖促治"专项等9个部门20个专项资金,配套部分省级生态财力转移支付资金。综合性生态补偿方法与其他生态政策相配合,通过政策和资金整合,能够统筹相近的资金投向和补贴对象的资金,解决了目前生态补偿规模偏低、难以满足地方生态保护事权支出要求的难题,同时也避免了不同部门规定生态补偿用途的专项转移支付资金分散、专款专用而造成的资金使用难度大、效率低下的矛盾。通过政策与资金整合,为地方政府因地制宜地谋划生态建设蓝图提供了财力支持,而且缓解了当地政府承担资金配套的巨大压力,最大限度地发挥出政策和资金的合力。

二是补偿方式的综合性。从补偿和受偿关系来划分,生态补偿大致可以分为纵向生态补偿和横向生态补偿两种类型,前者是上级政府对下级政府的补偿,主要通过财政纵向转移支付的方式展开;后者则发生在经济与生态关系密切的区域之间,是由现有行政隶属关系的生态受益区向生态保护区支付一定的资金或以其他方式进行的补偿。目前我国所出台的有关生态补偿的规定多属于纵向生态补偿范畴,包括如下含义:第一,生态补偿的目的是明确界定生态保护者与受益者的权利义务关系,使生态保护经济外部性内部化;第二,生态补偿的方法是采取财政转移支付或市场交易等方式;第三,确立生态补偿应当综合考虑生态保护成本、发展机会成本和生态服务价值。新安江流域的生态环境补偿案例就是纵向补偿和横向补偿相结合的最佳案例,建立在纵向补偿为主、横向补偿为辅的补偿机制基础之上的综合性补偿,能够弥补纵向生态补偿上级政府财政压力过大的缺陷,能够共同促进流域治理,丰富和完善了生态补偿制度。

三是补偿途径的综合性。从国内外生态补偿的实践来看,目前的补偿方式主要有政府补偿和市场补偿方式。补偿途径的选择,要考虑补偿方的意愿、承受能力和受偿方的实际需求,还要考虑哪种补偿方式更有效、更能有利于生态产品价值实现。综合性生态补偿,政府要发挥在生态补偿中的引导作用,合理制定相应的公共政策,通过调整公共政策来实现生态保护中的经济外部性内部化,实现生态保护区和生态受益区良性互动发展。此外,还要充分利用市场力量,筹集生态补偿资金:其一,通过生态成本内化为企业内部成本,实现资源环境有偿使用,通过约束机制来促进企业形成生态保护、生态建设和生态补偿的资金源;其二,通过政府政策引导,如减免税、贴息、优惠的政策性贷款等,利用激励机制,引导社会资金成为生态补偿资金的来源,以弥补政府补偿的不足。

四是发展与保护的综合性。在政府主导的生态补偿项目中,发展地方经济往往也是生态补偿的重要目标,尤其在宏观政策领域,生态补偿是保护环境与经济发展的双赢机制。从地理分布上看,水源、森林、草原、矿产等生态资源分布集中地区往往也是经济发展落后的地区。多年来的实践证明,生态补偿已经成为地区发展经济的有效手段。因此,综合性生态补偿就是将"输血"与"造血"进行有效结合。如此,不仅能够促进经济发展落后地区增加生态产品供给,生态产品的价值通过各种途径得以实现也能够帮助经济发展落后地区经济快速发展。

因此,从增加生态产品供给,实现生态产品价值的角度来看,从国家层面上,应统筹整合各部门生态补偿相关的各项政策和资金,建立综合性生态补偿资金,建立横向生态补偿和纵向生态补偿相结合、政府补偿和市场补偿互为补充、经济发展和生态补偿相互促进的综合补偿途径,推动单项生态补偿向综合性生态补偿调整,最大限度地调动地方政府的积极性,提高生态补偿资金的使用效率。图6是我国近年实施的综合性生态补偿案例。

图 6 综合性生态补偿案例

（1）整合资金激励模式——福建案例

福建省是全国首个开展综合性生态补偿的试点,福建省以县为单位开展综合性生态保护补偿,以生态指标考核为导向,将省级9个部门管理的、与生态保护相关的20项专项资金按一定比例统筹整合,设立综合性生态保护补偿资金池,并将统筹整合后的资金安排与生态环境质量改善指标考核结果挂钩,采用先预拨后清算的办法,通过正向激励,推动生态环境保护体制机制创新。

资金整合方面,采取了按比例分步统筹、逐年加大的思路,即从2019年起,省级财政从生态保护财力转移支付资金中每年安排6000万元;同时,2019—2021年,以2017年纳入整合范围的省级相关专项资金额度为基数,每年分别统筹5%、8%、10%,统筹资金由财政部门根据绩效考核结果下达,其余专项资金仍按原渠道下达。主要采取因素法并继续向实施县倾斜进行分配,赋予实施县统筹安排项目和资金的自主权。

绩效考核方面,其方案选择《福建省主体功能区规划》划定的重点生态功能区所属的县(市)以及纳入国家重点生态功能区转移支付补助范围的县(市),共有23个县(市),通过设立森林、空气、水质、污水垃圾处理、能耗等11个考核指标,根据上一年度指标考核结果,完成生态保护考核指标的可全额获得补助总额;如未完成,则按一定比例相应扣减专项资金。如得到提升,还可以根据提升程度获得不同档次的提升奖励,奖励金额将根据资金规模的加大而增加。

(2)多方筹措资金模式——江西案例

江西在全国率先出台流域生态补偿办法,即《江西省流域生态补偿办法》(简称《办法》),提出了以政府为主导,实行各级政府共同出资,社会、市场募集资金等方式来综合统筹资金的方式,成为全国样板。具体来看,该《办法》采取中央财政争取一块、省财政安排一块、整合各方面资金一块、设区市与县(市、区)财政筹集一块、社会与市场募集一块的"五个一块"方式筹措流域生态补偿资金,整合了国家重点生态功能区转移支付资金和省级专项资金,设立全省流域生态补偿专项资金。

在资金分配方面,在保持国家重点生态功能区各县转移支付资金分配基数不变的前提下,采用因素法结合补偿系数对流域生态补偿资金进行两次分配,通过对比国家重点生态功能区转移支付结果,采取"就高不就低、模型统一、两次分配"的方式,计算各县(市、区)的生态补偿资金。其中,综合补偿系数的设定是江西样板的创新所在,根据"五河一湖"及东江源头保护区划定范围、主体功能区区划及贫困县名单的生态重要性等级来设定不同的综合补偿系数,生态重要性的等级越低,补偿系数就越低。以"五河一湖"及东江源头保护区补偿系数为例,属于"五河"及东江源头保护区的县(市、区)补偿系数为3,属于鄱阳湖滨湖保护区的县(市、区)补偿系数为2,其他县(市、区)补偿系数为1,以此类推。综合补偿系数则为"五河一湖"及东江源头保护区补偿系数、主体功能区补偿系数、贫困县补偿系数的乘积。在资金使用方面,分配到各县(市、区)的流域生态补偿资金由各县(市、区)政府统筹安排,主要用于生态保护、水环境治理、森林质量提升、森林资源保护、水资源节约保护、生态扶贫和改善民生等。每年7月底前向上级政府报送本地区上年度流域生态补偿资金使用情况及效果报告,并定期接受监督检查或审计检查。

(3)部门整合管理模式——青海案例

青海省的综合性生态补偿模式主要体现在"大部门制"的部门整合。在部门整合前,三江源存在着以国家级自然保护区、国际重要湿地等为主体的9种保护地类型,湿地、林地、农牧、风景区等都有相关管理部门,"九龙治水",重叠严重。2016年青海省利用三江源国家公园试点建设的有利契机,将原来分散在林业、财政、国土资源、环境保护、住房建设、水利、农牧、扶贫等8个部门的生态保护管理职责,全部划归到新组建的三江源国家公园管理局和长江源、黄河源、澜沧江源这3个园区管委会,建立了覆盖省、州、县、乡的四级高效精干的"大部制"生态保护机构,打破了各类保护地和功能分区之间人为分割、各自为政、条块管理、互不融通的体制弊端,将公园范围内的各类保护地进行责权清晰、统一高效的管理,实现了体制机制的重大突破,探索出一条保护管理的新思路。

部门的整合能够带动政策、资金和监督考核的整合。在改革试点初期阶段,实行"一件事情由一个部门主管"的原则,以部门内部整合为主,由各部门根据原有分管专项资金来源额度,将分管资金进行归并,且结合行业发展情况,区分轻重缓急,分类分批安排落实资金项目。在此基础上,逐步实现行业部门之间同类项目的大范围资金整合。目前,青海省已对各类基建项目和财政资金进行整合,形成项目支撑和资金保障合力。体制试点工作启动以来,先后累计投入20多亿元资金,重点实施了生态保护建设工程、保护监测设施建设、科普教育服务设施建设、大数据中心建设等23个基础设施建设项目;扎实推进三江源二期工程、湿地保护、生物多样性保护等项目。同时,推进三江源国家公园绿色金融创新,构建多元的资金投入体系。鉴于此,在现行的专项资金管理体制框架下,创新时间和空间整合方式,丰富整合模式和拓展整合方式,能够为充分发挥生态保护资金整合的综合效益提供思路。

(4)奖惩结合考核模式——浙江案例

浙江省2017年出台的《关于建立健全绿色发展财政奖补机制的若干意见》,

提出了 8 项财政奖补政策,其思路是通过对污染物排放实行财政收费制度。资金的去向有两个渠道:一是对污染物减排和水质考核达标的奖励,二是动态提高生态公益林的补偿标准。此外,在实行"两山"建设财政专项激励政策方面,省级财政在统筹财力的基础上,探索了绿色发展财政奖补机制,为我国探索综合性生态补偿提供可借鉴的思路。绿色发展财政奖补机制,其重点是完善主要污染物排放的财政收费制度,实施单位生产总值能耗、出境水水质、森林质量财政奖惩制度,实行与"绿色指数"挂钩分配的生态环保财力转移支付制度。具体来看,浙江省设立的"两山"建设财政专项激励资金每年 36 亿元,实施时间为 2017—2019 年,分为两类,即"两山建设一类"和"两山建设二类",两类专项各获得一半资金。其中,"两山建设一类"以促进区域发展补短板为导向,以提升农村常住居民和低收农户人均可支配收入水平、公共服务有效供给水平为核心目标,采取竞争性分配方式,择优选择位于生态保护重点地区的 12 个县(市、区)并每年给予 1.5 亿元激励资金。"两山建设二类"以生态文明及成果转化目标为导向,以提升生态环境、居民收入为核心目标,推动生态环境质量持续改善,绿色发展体制机制不断健全等,促进资源节约、环境保护和经济社会协调发展,且此类专项资金采取竞争性分配方式,择优选取 18 个县(市、区)并每年给予 1 亿元激励资金。两类专项在 3 年后展开考核,结果达不到预期目标的,相应扣回专项激励资金。

由此可知,浙江省的绿色发展财政奖补机制体现了资金和政策的综合性、发展与保护的综合性。此外,浙江省还提出自 2018 年起在省内流域上下游县(市、区)探索实施自主协商横向生态保护补偿机制,也为丰富补偿方式提供了新思路,体现了横向与纵向补偿的综合性以及政府与市场补偿的综合性。从绿色发展财政奖补机制实施的效果来看,生态环境质量的正向激励与反向倒扣双重约束使得浙江省的绿色发展有了显著提升。另外,地区环境治理成果与地方经济利益完全挂钩,有效地提升了地方政府主动加大环境保护的力度。

(三)绩效考核

《关于建立健全生态产品价值实现机制的意见》第十七条,明确指出建立生态产品价值考核机制,探索将生态产品总值指标纳入各省(自治区、直辖市)党委和政府高质量发展综合绩效评价,推动落实在以提供生态产品为主的重点生态功能区取消经济发展类指标考核,重点考核生态产品供给能力、环境质量提升、生态保护成效等方面指标,适时对其他主体功能区实行经济发展和生态产品价值"双考核"。推动将生态产品价值核算结果作为领导干部自然资源资产离任审计的重要参考,对任期内造成生态产品总值严重下降的,依规依纪依法追究有关党政领导干部责任。

当前,我国生态环境质量呈现稳中向好趋势,但成效并不稳固。总体上看,生态文明建设正处于压力叠加、负重前行的关键期,已进入提供更多优质生态产品以满足人民日益增长的优美生态环境需要的攻坚期,也到了有条件、有能力解决生态环境突出问题的窗口期。建立生态产品价值实现机制是适应我国当前发展阶段的必然要求,是有效解决人民日益增长的美好生活需要和不平衡不充分发展之间矛盾的重要举措,是加快推动形成具有中国特色的生态文明建设新模式的关键招数。

同时,我国经济已转向高质量发展阶段,需要跨越一些常规性和非常规性关口,有必要充分发挥政府在制度设计、经济补偿、绩效考核和营造社会氛围等方面的主导功能,把建立生态产品价值考核机制作为促进生态产品价值实现的有力政策工具,完善工作目标分解、督促检查、考核奖惩等配套制度,建立健全推动工作落实的制度机制,提高各级政府绩效综合考评结果的科学性、真实性和公信度,形成以政府制度供给的"四两",拨动社会、市场等的"千斤",拓宽可持续的生态产品价值实现路径,大力推进生态文明建设,提供更多优质生态产品,不断满足人民群众日益增长的优美生态环境需要。表 2 和表 3 是部分省(市、县)有关绩效考核的政策。

表 2　部分省(市、县)生态产品价值实施方案中的考核表述

颁布时间	政策名称	考核制度在政策中的所属范围	考核内容
2019 年 3 月 28 日	《浙江(丽水)生态产品价值实现机制试点方案》	重点任务	建立生态产品价值年度目标考核制度
2019 年 12 月 27 日	江西省《抚州市生态产品价值实现机制试点方案》	保障措施	市场化的生态产品价值考核制度探索
2021 年 6 月 23 日	江苏省《关于建立健全生态产品价值实现机制的实施方案》	畅通生态产品价值实现多元化路径	将 GEP 核算结果等因素纳入生态补偿考核内容;金融支持生态产品价值实现情况纳入绿色信贷考核评价体系

续表

颁布时间	政策名称	考核制度在政策中的所属范围	考核内容
2021年11月16日	福建省《关于建立健全生态产品价值实现机制的实施方案》	健全生态产品价值实现保障机制	探索将生态产品总值指标纳入高质量发展综合考核指标体系
2021年11月23日	福建省《武平县建立健全生态产品价值实现机制试点方案》	探索生态产品保护与提升机制	开展生态产品资源保护年度考核
2021年12月29日	《海南省建立健全生态产品价值实现机制实施方案》	重点任务	将生态产品总值指标纳入市县高质量发展综合考核指标
2021年12月30日	浙江省《开化县金融助推生态产品价值实现的指导意见》	工作要求	建立金融助推生态产品价值实现工作考核制度
2021年12月31日	广西壮族自治区《梧州市生态产品价值实现试点实施方案》	重点任务	在蒙山县重点考核生态产品总量及其变化、生态产品价值实现率等生态产品价值实现方面的指标
2022年3月8日	湖北省《武汉市建立健全生态产品价值实现机制实施方案》	健全生态产品价值实现保障机制	开展绿色发展绩效考核评价，推进生态产品价值实现核算结果在政府决策和绩效考核评价中的应用
2022年3月15日	《江苏省建立健全生态产品价值实现机制实施方案》	健全生态产品价值实现保障机制	实施生态产品价值考核制度。开展GEP核算年度目标考核，将GEP指标纳入高质量发展综合考核指标体系
2022年4月6日	《天津市建立健全生态产品价值实现机制的实施方案》	健全生态产品价值实现保障机制	实行经济发展和生态产品价值"双考核"
2022年5月31日	《浙江省生态产品价值实现2022年重点工作清单》	健全保障机制，营造多方共建共享局面	建立考核制度，在山区26县探索将GEP相关指标纳入县级党委和政府高质量发展综合绩效评价
2022年6月22日	《青海省推动建立健全生态产品价值实现机制的实施方案》	健全实现保障机制，保证工作协同推动	将GEP指标纳入青海省高质量发展综合绩效评价，并根据省内各市(州)生态产品价值建立差异化考核机制

续表

颁布时间	政策名称	考核制度在政策中的所属范围	考核内容
2022年10月15日	《广东省建立健全生态产品价值实现机制实施方案》	健全生态产品价值实现保障机制，强化价值实现激励约束	落实在以提供生态产品为主的重点生态功能区取消经济发展类指标考核，重点考核生态产品供给能力、环境质量提升、生态保护成效等方面指标
2022年11月20日	内蒙古《关于建立健全生态产品价值实现机制的实施方案》	加强组织领导	重点考核生态产品供给能力、环境质量提升、生态保护成效等指标，适时对其他主体功能区开展经济发展和生态产品价值"双考核"

表3 部分省(市)生态评考政策

文件	特点	主要内容
《青海省生态评考办法(试行)》(2017)	1. 实行差别化分类评价考核；2. 细化考核步骤，增加实地考核环节	第5条，按照功能定位、自然环境、社会水平等要素，将全省分为三个类别，进行评价考核 第13条，增加实地核查步骤连接自评阶段与综合考评阶段，对被考核对象目标完成情况进行核实
《云南省生态评价实施办法》(2017)	增加对年度评价结果进行责任追究的规定	第8条，对连续两年在全省年度评价中排名倒数第三的地区采取书面检查，约谈和限期整改的措施进行追责
《北京市生态评考办法》(2017)	增加了中期评估	第4条，于五年规划期的中期对各地区生态文明建设目标任务进展情况进行评估，督促工作进展，以期按时完成
《河南省生态评考实施办法》(2017)	1. 建立生态评考厅际联席会议制度；2. 在五年规划期内实施2次目标考核	第4条，厅际联席会议主要解决生态评考过程中遇到的重大问题，协调推进工作；第5条，在五年规划内的第三年增加一次目标考核，考核目标完成情况

续表

文件	特点	主要内容
《贵州省生态评考办法(试行)》(2017)	1. 生态评考工作每年开展一次； 2. 考核评价内容包括绿色发展指数、体制机制创新和工作亮点、公众满意程度、生态环境事项等4项	《贵州省生态评考办法(试行)》并未对外公开
《济南市生态评考办法》(2018)	将中期评估作为考核阶段任务之一	第11条,在研究前两年规划工作情况的基础上,评估现阶段目标的进展情况,改进和完善工作目标,以期顺利完成规划期目标任务
《张掖市生态考评办法》(2019)	实行一票否决	第12条,对通报批评的发生了严重生态破坏事件的县区实行"一票否决"

广东省深圳市大鹏新区生态文明评估考核体系探索新增GEP考核

大鹏新区生态文明建设目标评价考核体系新增生态系统服务价值(GEP)作为考核指标,通过量化评估绿色发展的最终结果,实现生态文明建设目标评价考核对绿色发展的导向性指引。大鹏新区结合新区六年来生态系统服务价值(GEP)核算的实践经验和工作成果,将生态系统服务价值(GEP)核算指标纳入生态文明评价考核体系,构建以绿色发展为导向的大鹏生态文明建设评价考核体系。

生态系统服务价值(GEP)通过设置"年度GEP值"指标实现。年度GEP值考核内容为大鹏新区当年度GEP值与上年度GEP值的变化,GEP值必须实现增长方可获得满分,否则将按照相应的规则进行扣分。年度GEP值指标的设立弥补了现行生态文明建设目标评价考核指标中缺乏对生态效益的评价考核,同时也从生态系统服务价值的层面实现了对生态文明建设成效的评估。

大鹏新区生态文明建设考核采用领导小组和考核专家组分别打分的"双评价"机制。领导小组依据考核对象的生态文明建设工作开展情况进行评分;

人大代表、政协委员、特邀监察员和生态文明建设领域专家等组成考核组进行年终集中评审评价。从领导评价、专家评议两方面开展科学、全面的生态文明建设"双评价"考核。

表4　大鹏新区生态文明建设目标评价考核体系

序号	类别	指标
1	环境质量	空气质量优良率
2		$PM_{2.5}$
3		臭氧浓度
4		河流水环境质量
5		地下水环境质量
6		饮用水源水质
7		功能区声环境质量
8	生态保护	森林资源保护，湿地保护
9		生态资源指数
10	资源利用	耕地保有量
11		水资源管理
12		节能目标责任考核
13		主要污染物总量减排考核
14	公众参与	公众对城市生态环境提升满意率
15		公众生态文明意识
16	生态系统服务价值	年度GEP值

（四）生态认证

生态认证是实现生态产品价值的重要机制。2015年，《生态文明体制改革总体方案》明确提出要健全环境治理和生态保护市场体系，其中生态认证制度作为一种市场机制，展现出显著的成效。这种制度不仅不会影响现有的行政管理体系和法律责任，还能够无缝融入现行的生态与环境管理体系以及市场体系中，对于完善环境治理和生态保护市场体系具有重要的现实意义。

生态产品的价值实现,是指通过将优质生态环境的价值转化为产品溢价的过程。在这个过程中,生态认证扮演着关键角色。传统的生态认证通过市场机制引导企业和个人采取环境保护措施,并通过产品标签或认证的形式,将减少污染或提升生态系统服务功能的正外部性转化为消费者可以识别和愿意支付的溢价。这种机制鼓励生产者采用更加绿色和可持续的生产方式,是实现生态文明的有效途径之一。

在生态产品价值实现的路径中,公信的生态认证制度为产品赋予了生态附加值的绿色标签,为这些产品在市场交易中提供了信用背书。这种绿色标签不仅展示了产品的生态价值,还激励了消费者为保护环境做出贡献,通过购买这些具有生态价值溢价的产品,从而推动整个社会向更加绿色和可持续的方向发展。

法国国家公园品牌认证

法国国家公园品牌认证具有较强代表性。法国政府基于生态文化服务价值设计了国家公园特许经营机制,探索形成公私伙伴合作关系。在国家公园的监督下,鼓励当地居民开展旅游、餐饮、纪念品销售等经营性活动,通过国家公园品牌认证提高产品和服务的价值。2015年推出集体品牌"Esprit parc national",已开发了超过1000种产品或服务。同时,国家公园联盟根据不同行业的特点制定了差别化的特许经营市场准入清单,以国家公园产品品牌价值增值体系为依托,引导社区企业和个人自愿参与。

森林管理委员会森林(产品)认证

国际性公益组织——森林管理委员会(FSC)目前已对85个国家的30亿亩森林及其产品进行了认证。目前具有生态认证的产品涉及林产品、众多农产品、海洋渔业和水产养殖业,以及生态旅游等领域。

除生态标签外，绿色产品的开发与认证也能够为生态产品提升价值。通过设计和生产过程中考虑环境保护和可持续性，使产品在整个生命周期中对环境的影响降到最低。这样的产品往往能够满足消费者对环保和健康的需求，因此在市场上获得更高的认可度和价值。绿色产品主要是指按照可持续发展方式生产出的具有"生态友好型"特征的产品，包括农产品、工业产品和服务产品等。国际上通常采用可持续认证机制来证明其产品的生态性。在我国农业农村部"三品一标"政策推动下，各地依托良好的生态本底生产了包括谷物、蔬菜、水果、中草药、畜牧类制品在内的农特产品。目前具有生态认证的产品涉及林产品、众多农产品、海洋渔业和水产养殖，以及生态旅游等领域。通过这个计划，消费者可以通过选择为经独立的第三方根据标准认证的生态友好型产品提供补偿。这些含有标签的生态产品在价格上不具竞争性，但这类产品因向消费者提供绿色生态价值而产生溢价，且人们对此表现出的支付意愿和购买行为就实现了其价值。

湖州市绿色产品认证试点工作

湖州市作为"两山"理念诞生地、"中国制造2025"试点示范城市和绿色金改试验区，2018年成功获批全国唯一绿色产品认证试点城市，率先在全国范围内开展绿色产品认证试点工作。2019年，将推进统一的绿色产品认证改革工作列入全省重大深化改革事项。2020年，湖州市召开了长三角绿色产品认证会，发布《沪苏浙皖共同推进长三角绿色产品认证余村倡议》，共创长三角绿色认证先行区。试点开展以来，湖州市在构建全国统一的绿色产品标准认证标识体系上进行了积极探索和实践，取得了一定成效，为推动湖州赶超高质量发展提供了重要抓手。截至2024年，湖州市累计通过绿色产品认证企业134家，证书171张。其中，涉及公告目录内产品8类（增加建筑玻璃），共115家企业、151张证书；团体标准转换开展绿色产品认证的1类，共2家企业、2张证书；三星绿色建材转换绿色产品认证的2类，共17家企业、18张证书。

江西省精心打好"生态牌",全方位融入绿色元素

江西省精心打好"生态牌",将"生态+"贯穿到生产、加工、销售等各环节,全方位融入绿色元素,提升产业附加值。一是探索绿色种养模式。通过绿色品种推广、绿色技术渗透、绿色模式融入等途径,使绿色、健康、有机成为江西农产品鲜明标识,以品质赢得市场。彭泽县示范园推广水稻种植套养大闸蟹、小龙虾等水产品种的稻虾蟹共作生态养殖模式,实现了一地两用、一季双收、绿色循环的经济与生态双重效益。二是发展绿色加工。对标国际国内质量安全标准和加工技术规范发展农产品加工,全域推进第三方检测,着力建成一批绿色精深加工生产线,打造一批行业知名的绿色生态产品。吉安市示范园延伸绿色农产品加工链,先后开工建设多个绿色食品标准化加工项目,基地生产品牌化率达60%,"三品一标"农产品生产率超过52%,农产品安全可追溯率超过80%。三是做大做强"生态鄱阳湖·绿色农产品"品牌。大力推进"区域公用品牌+单一产业品牌+企业专属品牌"品牌体系建设,厚植绿色品牌优势,以品牌优势带动效益提升。芦溪县示范园"武功一叶"有机茶获中国名优茶评比金奖,"格林米特"猪肉获"中国驰名商标"。吉安市示范园井冈芦笋连续3年获欧盟有机认证。

国际相关生态生产促进项目

1990年菲律宾玛雅生态农场推广节能生产,通过与欧盟合作建立了绿色采购基金,全面推进生态标准计划,实现了生态农业的经济价值。除经济价值外,生态产品的开发还具有一定社会和生态效益。如乌干达从事经认证为有机农产品出口生产的农民收入高于传统农民的收入,肯尼亚利用可持续生产方式的农业生产提高了作物产量,肯尼亚"环境行动小组"项目开展了生态农业的生产项目,即采用堆肥、水土保持活动等措施使玉米产量提高71%,豆类产量提高158%。

（五）产业规划

产业规划是实现生态产品价值的关键方式。通过规划引导，我们应充分发挥生态环境优势，大力吸引和发展环境适应型产业，特别是环境敏感型产业，从而释放生态产品的价值。同时，通过产业规划，引进先进制造企业，打造高新技术产业基地，并提升矿石等生态资源的经济价值，实现保护生态环境与发展产业的良性互动。以江阴市为例，通过"三进三退"的产业规划，成功实现生态进、生产退，治理进、污染退，高端进、低端退，促进了生态产品价值的实现。因此，产业规划是生态产品价值实现的重要方式。

龙泉市依托良好生境引入"零废工厂"

浙江省龙泉市良好的生态环境质量可以有效降低药业生产用水处理和空气过滤的成本，优质的生态资源成为企业发展不可替代的竞争优势，吸引国镜药业在当地投资生产，也是良好生态产品刺激产业发展实现价值的间接载体溢价模式。同时为实现源头削减污染，提高资源利用效率，浙江国镜全面推行清洁生产，获评省级"零废工厂"，也与生态环境相得益彰。

贵安新区发挥地理优势成立数据中心

作为国家级新区，贵安新区自成立以来，立足气候、电力、地形地貌等优势，始终把大数据产业作为主导产业来抓。贵安新区以腾讯贵安七星数据中心为圆心，在半径 4 km 区域内规划建设了 14 个超大型数据中心，总占地面积 11 184 亩，预计总投资超过 400 亿元，可承载服务器超过 400 万台，是全球超大型数据中心聚集最多的地区之一，也是中国数据中心的亮眼名片。新国发 2 号文件明确提出，支持贵州在实施数字经济战略上抢新机、建设数字经济发展创新区。

江阴市"三进三退"护长江

江苏省江阴市"三进三退"护长江,江阴以"生态进、生产退,治理进、污染退,高端进、低端退"的"三进三退"生动实践,将长江江阴段生产性岸线占比从2012年的72%降至目前的48%,腾出滨江空间,打造由8 km沿江公园、10 km生态运河组成的"一江一河"城市生态T台。创建国家生态文明建设示范区,"绿水青山"和"金山银山"都不可或缺。位于江阴高新区的启星智能制造产业园,内部道路宽阔平整,处处皆景。4年前这里还是"散乱污"企业扎堆的纺织老厂。为了保护一江清水,江阴高新区着手实施"腾笼换凤、产业优化"改造,一家家工业绩效低下企业搬离,集成电路、智能装备、新能源、新材料等先进制造业项目纷纷进驻。2020年,"三进三退"护长江促生态产品价值实现案例入选全国第二批生态产品价值实现典型案例。2021年,江阴获批全国自然资源领域生态产品价值实现机制试点地区。

湖州市通过矿山集中整治提升生态资源的经济价值

浙江省湖州通过矿山集中整治,将矿山企业数量由原来的612家削减至33家,建筑石料年开采量由高峰时的2亿吨削减至4500万吨以下,在产矿山必须符合国家绿色矿山标准,这就使得矿石的开采成本和出厂价格大幅提升,市场稀缺性明显提高,促使以矿石为原料的粗放加工退出市场,取而代之的是生产高附加值产品,生态资源的经济价值明显提高。

湖南省穿紫河"五位一体"海绵城市建设

为治理穿紫河日益恶化的生态环境,提高流域生态产品供给能力,促进城市经济发展和生态保护的良性循环,湖南省常德市启动了穿紫河生态修复治理工作,开展了中欧合作的穿紫河流域海绵城市"水生态、水安全、水环境、水文化、水资源"五位一体建设。经过不懈努力,穿紫河由曾经的"臭水沟"转变为集"文化河""商业河"和"旅游河"于一体的城市生态系统和生态价值实现平台,为整座城市和居民带来了源源不断的生态产品和综合效益,成为名副其实的城市"金腰带"。

二、技术手段

技术手段的原理涉及利用现代科学技术,如生态修复及环境治理技术、种养产业循环一体化技术、提升产品附加值和智慧管理等,对生态产品价值进行优化和提升。生态修复及环境治理技术通过运用生物、化学、物理等手段,对受损的生态环境进行修复和治理,提高生态环境的质量和稳定性。种养产业循环一体化技术则是通过模拟自然生态系统的物质和能量循环,实现农业生产和养殖业的高效、低污染和可持续发展。提升产品附加值则是通过技术创新和工艺改进,提高生态产品的功能性和市场竞争力。智慧管理则是利用现代信息技术,如物联网、大数据、人工智能等,对生态产品进行智能化监控和管理。

(一)生态保护修复及环境治理技术

生态保护修复与生态产品价值实现具有接续和相互促进的关系。保护修复往往是生态产品价值实现的前提与基础。实施生态保护修复与推动生态产品价值实现皆为生态文明建设的重要内容。生态保护修复主要是为避免、减轻或抵消人类活动对生态环境造成的负外部性;生态产品价值实现的目的是显现生态产品的正外部性特征,两者的发力点和规制方向不同。生态保护修复是"由负到 0"或"由 0 到 1"的过程,有了正向供给,生态产品价值才有可能通过权益交易、价值外溢等形式实现。生态保护修复提供优质生态产品促进价值实现的过程,就是"绿水青山"资源资产化后变成"金山银山"的过程;生态产品价值实现机制促进社会资本向生态保护修复聚集的过程,就是"金山银山"资产资本化后增值"绿水青山"的过程。

1. 海岸带生态修复

海岸带生态修复一般指通过海岸与海湾整治修复、滨海湿地恢复和植被种植、近岸构筑物清理与清淤疏浚整治、生态廊道建设、修复受损岛体等措施("蓝色海湾""南红北柳""生态岛礁"等海洋生态修复工程),恢复受损的海岸带生态环境,增强其生态产品供给、生物多样性保护、海洋灾害抵御等能力,再进行海岸带空间布局优化和综合开发利用,吸引社会投资,带动生态旅游等产业发展。

浙江省温州市洞头蓝色海湾改造

蓝色海湾一期项目位于洞头国家级海洋公园,总投资 4.76 亿元,规划面积 15 km^2,涉及 17 个村 2.5 万人。通过蓝色海湾整治,洞头完成清淤疏浚 157×10^4 m^2,修复沙滩面积 10.51×10^4 m^2,建设海洋生态廊道 23 km,种植红树林 419 亩,修复污水管网 5.69 km。2019 年 4 月,洞头再次成功入围新一轮蓝色海湾整治项目。项目总投资 4.51 亿元,核心内容包括"破堤通海、十里湿地、生态海堤、退养还海"。力争通过两轮蓝色海湾项目实施,助推"海上花园"建设,真正形成一套可在全国推广的体制机制,努力把洞头打造成为海岛生态修复的全国样板。

黄河三角洲互花米草生态修复

互花米草原产自美洲大西洋沿岸及墨西哥湾,在原产地是最为常见的盐沼植物。我国自 20 世纪 80 年代前后从美国引入互花米草以来,经过多年的人工种植和自然扩散,互花米草已遍及沿海滩涂。互花米草的入侵已成为我国滨海湿地生态与环境面临的重大挑战。在引种过程中,互花米草的危害也逐渐暴露。在浙江、福建,互花米草堵塞航道、诱发赤潮;在华南地区,它入侵红树林;在上海和江苏,它排挤本土植物,侵占鸟类栖息地。广东省珠海市在淇澳岛用速生红树无瓣海桑替代互花米草,取得了很好的治理效果。中国科学院烟台海岸带研究所联合山东黄河三角洲国家级自然保护区管理委员会,自 2016 年开始在黄河三角洲开展互花米草入侵机制与治理技术科研攻关，建立了适宜不同潮滩生境的互花米草治理关键技术体系，主要包括贴地刈割、"刈割+翻耕"和"刈割+梯田式围淹"等方法。2020 年 9 月以来，该技术体系已在山东省推广应用 5 万余亩。互花米草被清除后，滨海湿地生境得以有效恢复，鸟类等生物多样性显著提高，取得了较好的生态效益与社会效益。

2. 矿山生态修复

矿山生态修复又称为矿山修复，即对矿业废弃地污染进行修复。我国是矿产资源丰富的大国，1949 年以来，特别是改革开放后矿业迅速发展，但大规模开发的同时带来了生态环境问题。遥感调查监测数据显示，截至 2018 年年底，全国矿山开采占用损毁土地 5400 多万亩，其中正在开采的矿山占用损毁土地 2000 多万亩，历史遗留矿山占用损毁 3400 多万亩。尤其是在南方丘陵地带，矿山开采对山体和植被破坏较为严重，野生动植物自然栖息地受损，滑坡、山洪等灾害和塌陷事故时有发生。随着生态文明建设的日益推进，矿山生态修复成为一个重要的环境治理议题。

山东省济宁：地上地下综合治理破解塌陷土地利用难题

2020 年 11 月 5 日，央视《东方时空》栏目以"山东济宁：地上地下综合治理破解塌陷土地利用难题"为题，报道了全国首例条带式采煤沉陷区综合治理和利用项目。目前，通过注浆充填手段治理采煤沉陷区主要存在以下几个方面的问题：① 采空区探查技术精度不高；② 拆迁遗留的建筑垃圾污染环境、占用土地资源；③ 城市近郊场地局限性较大，常规钻探手段无法实现；④ 地层深部变形监测可靠性和稳定性不高；⑤ 项目施工过程中，建设参与方较多，管理效率较低；⑥ 充填注浆过程中，浆液制备无法精确计量，注浆过程无法精准控制。为了克服以上难题，项目创新采用了多种均属国内首次使用的"黑科技"以及先进的项目管理系统。

针对城市棚改区人口密集、地质采矿条件复杂的特点,综合采用全数字高精度三维地震勘探精准探查技术、PEM 法和 VSP 法精确探测技术、钻孔数字全息成像技术等,实现沉陷区精细探查的目的,达到了国际先进水平;开创固废利用新模式,研制了一套集筛选、破碎、搅拌于一体的制充一体化生产线,把城市棚户区改造遗留的建筑固料再生加工为注浆充填料,用于采煤沉陷区充填治理工程,环保生态效益显著;采用保护煤柱与墩台式相结合的局部控制充填技术,解决地表沉陷问题的同时节约了资源;破解城市施工局限性、无法常规施工的难题,创新性地采用了定向钻孔灌注高低浓度再生浆液及水泥粉煤灰浆液的综合注浆工艺技术;采用全地层全生命周期分布式光纤监测技术,对治理效果进行监测评价;构建了包含建设单位、监理单位及施工单位三方的项目管理平台;开发了具有实时监测功能的智能钻探检测分析系统;研发了对制浆、注浆过程精准管控的采空区注浆自动化控制系统等;利用多种手段辅助项目管理,实现施工质量和工作效率的双提升。通过以上创新工艺技术和先进管理手段的成功应用,从而全面消除了条带采煤沉陷区的各种危害。这标志着全国首例条带式采煤沉陷区综合治理与利用项目完成竣工验收。

3. 盐碱地生态修复

滨海盐碱地主要形成原因为海水影响、土壤蒸腾、填海造田工程、砍伐森林、围湖产盐。其特点主要体现在土壤含盐量和地下水位高,土壤自然脱盐率低等因素上。淡水资源缺乏,水文存在日变化及季节变化,植被品种多样性及数量性均较差,乡土树种及耐盐碱树种生长缓慢,不能迅速成林。气候方面,生态环境易受台风、海潮、盐尘、盐雾的影响。

盐碱地生态修复主要是通过驯化本土植物、应用生态修复集成技术对环境进行生态修复治理。盐碱生态修复不仅改善滨海地区的生态环境,丰富当地绿化景观格局,为生物多样性提供新的生境,同时还能更好地解决滨海地区环境发展及经济发展中遇到的问题,为实现社会、经济和生态良性循环及可持续发展,提供广阔空间。

> **山东各地因地制宜改良盐碱地**
>
> 为改良盐碱地,提升生态产品供给能力,东营市聚焦于盐碱地农业的技术研发、成果转化,以"盐碱地耐盐牧草种植-健康畜禽养殖-生物有机肥生产-盐碱地改良和肥力提升高产高效种植"为链条,系统集成了智能装备作业指挥系统,构建盐碱地"草-牧-园"滨海盐碱地现代治理模式,促进盐碱地由传统"高耗低效"开发向"高效、高质、高值"绿色生态利用转换。
>
> 潍坊滨海区盐碱地,自然条件较差、生态环境脆弱、绿化成本较高、盐碱地综合利用难度大,潍坊市积极与中国科学院、山东省林业科学研究院等科研单位合作攻关,大力借鉴丹麦、挪威海岸带生态修复经验,引进的鲁柽1号耐盐碱乔木型柽柳-盐松专利成果转化成功,种植及养护成本仅为一般乔本的 20%~30%,3年后土壤盐渍化程度从种植初期的 3‰ 降低到 1‰,成功解决了盐碱地大型树木成活难、维护成本高的难题。整治修复生态岸线 36.5 km,建成海洋特别保护区、盐松防护林、绿化带 8 万多亩,形成千亩红滩芦花和万亩柽柳海岸交相叠加的生态修复样板,为潍坊铸成一道重要的生态屏障。
>
> 潍坊昌邑市为破解盐碱地造林瓶颈,林场着力改善立地条件,对次生盐渍化重、土壤盐碱化程度高的区域,确立了"先工程治水改碱、后植树造林"的原则,先后投资 1.7 亿元,铺设管道 37 km 将潍河水引进林场,建设大小水库湾塘 32 个,蓄水能力达到 500×10^6 m^3,每年还可收集 100 多万立方米雨水。同时,广泛采取耕翻漫灌、种植绿肥作物、地面覆盖、施用化学改良剂等技术措施,进一步提升土壤改良成效。在造林区域,配套完善排灌水系,做到能灌能排,排灌便利。通过改良,林场大部分造林地含盐量降到了适合树木生长的范围,新植树木长势良好,曾经"寸草不生"的盐碱荒滩变成了"绿树成荫"的生态绿洲。

4. 草地生态修复

草地生态修复通过恢复和增强草地的生态功能,不仅提升草地的生产潜力,还能够改善生态环境,为可持续发展提供坚实的基础。例如,通过实施植被恢复、土壤改良和水资源管理等策略,可以显著增加草地的植被覆盖度,提高土壤肥力,从而增强草地的生产力。此外,草地生态修复还有助于提升草地的生态服务功能,包括增加碳汇、改善水质、维护生物多样性等,在实现生态产品价值方面发挥着至关重要的作用。

我国草原退化面积大、分布广,退化类型多样、退化成因复杂,很难用同一种方法和措施进行生态修复。国务院办公厅印发的《关于加强草原保护修复的若干意见》指出:加快推进草原生态修复。实施草原生态修复治理,加快退化草原植被和土壤恢复,提升草原生态功能和生产功能。在严重超载过牧地区,促进草原植被恢复;对已垦草原,有计划地退耕还草;在水土条件适宜地区,实施退化草原生态修复;强化草原生物灾害监测预警,不断提高绿色防治水平;完善草原火灾突发事件应急预案,加强草原火情监测预警和火灾防控;健全草原生态保护修复监管制度。

青海省祁连县智慧草地项目

青海省祁连县智慧草地项目,是目前全球环境基金在中国支持额度最大的草地项目。经过项目实施,草地植被高度的增加降低了草原鼠害发生的风险,高原鼠兔洞口平均密度由每公顷 2000 多个下降至 50 多个,一些草地原先千疮百孔的鼠洞和裸斑块几乎消失不见。该项目实施区草-畜系统每年固碳减排近 10 万吨,为草地实现"双碳"目标提供了创新途径。通过参加项目实施,每户每年节省饲草支出 1.2 万元,牲畜高效养殖增收 1.4 万元,加上项目生态奖补绩效资金,每年增加收益超过 3 万元。

内蒙古自治区锡林浩特市退化草原人工种草生态修复

内蒙古自治区锡林浩特市位于首都北京正北方,是距离京津地区最近的草原牧区,全市草原面积 $139.6 \times 10^4 \text{ hm}^2$,2009 年划定基本草原 $136.9 \times 10^4 \text{ hm}^2$,以温性典型草原为主。2019 年国家林业和草原局启动实施了退化草原人工种草生态修复试点项目,锡林浩特市作为典型草原试点地区,实施了三项建

> 设内容:一是严重沙化草地生态治理 666.7 hm²,二是退化打草场生态修复治理 4333.3 hm²,三是野生优良乡土草种抚育 66.7 hm²。通过治理修复,退化放牧场植被盖度增加到 40%~60%,干草产量提高 50% 以上;退化打草场植被盖度提高 15%~20%,干草产量平均提高 20%~40%,草群中多年生优良牧草比例增加,土壤有机质增加 10% 以上;严重沙化草地植被盖度达到 40%~50%,风蚀得以控制,周边环境明显好转。

(二)种养产业循环一体化技术

在生态产品化的过程中,农业是非常重要的一种产业形式。以种养结合为重点,优化种植业与养殖业空间布局,推动种殖养殖规模匹配与高效衔接,推广种养业循环一体化发展模式。因地制宜采取就地还田、生产有机肥、生产沼气和生物天然气等方式,加大畜禽粪污资源化利用力度。2013年国务院发布的《循环经济发展战略及近期行动计划》中也提出,要"重点培育推广畜(禽)-沼-果(菜、林、果)复合型模式、农林牧渔复合型模式等""实现鱼、粮、果、菜协同发展",明确了在新的历史时期下林下经济发展的新方向。依靠这样的一系列循环生产的技术思维,生态产品价值实现走出了一条高效集约的道路。

1. 林下经济

林下经济是指依托森林、林地及其生态环境,遵循可持续经营原则,以开展复合经营为主要特征的生态友好型经济,包括林下种植、林下养殖等。2012年国务院发布《国务院办公厅关于加快林下经济发展的意见》,明确提出"在保护生态环境的前提下,以市场为导向,科学合理利用森林资源",这为发展林下经济提供了良好的契机。截至 2019 年年底,全国林下经济经营和利用林地面积达 6 亿亩;林下经济总产值达 9563 亿元,比上年增长 17.26%。林下经济产值达百亿元的省份有 15 个,其中 500 亿元以上的省份有 9 个,广西壮族自治区、江西省林下经济产值超过千亿元。全国林下经济从业人数超过 3400 万人,各类林下经济经营主体达 94.6 万个,其中,企业 1.6 万个,国有林场 1928 个,家庭林场 8800 个,农民合作社 4.1 万个,其他经营主体 87.8 万个。小型散户、大户、家庭林场、林业专业合作社、林业公司等经营主体不断发育壮大,创造了丰富多彩的林下经济模式,呈现出旺盛生命力。

1.1 林下种植

林下种植是一种在森林或树木种植区域内,利用林下空间进行的种植活动,充分利用丰富的林下资源发展种植业,可以实现空间利用优化、生态互补、化学肥料和农药使用减少、生物多样性提高等。主要发展模式包括:林果模式、林草模式、林花模式、林菜模式、林菌模式、林药模式等。

安徽省探索多种林下经济模式

安徽省以现有茶园改造为基础,重点实施以香榧+茶叶为主的林茶模式,推动生态复合茶园建设。同时,利用香榧、油茶投产前期长的特点,在新造香榧、油茶基地内套种黄精、三叶青、白及、铁皮石斛等林下中药材。泾县竹林资源优势突出,开展竹林下培育竹荪、大球盖菇、羊肚菌循环种植模式和竹笋的采集加工。依托泾县国有林场、涉林经营主体等重点发展林下种植黄精、石斛、灵芝、丹皮等产业,加快以林药、林菌模式为主的林下仿野生栽培等示范基地建设。与国有林场开展合作共建,开展"林、药、蜂"产融结合,在林下种植药材和配套蜜源植物,配套养殖土蜂,大力推广"林、药、蜂"模式,培育产业链,形成区域化发展格局,打造林下经济发展新业态。

1.2 林禽模式

"林禽经济"是一种结合林业与畜牧业的生态农业模式,其原理在于通过模拟自然生态系统中森林与野生动物的相互作用,实现林业与禽类养殖的有机结合,从而提升生态产品的价值。同时实现了经济效益、社会效益和生态效益的统一,是一种可持续发展的生态农业模式。

甘肃清水县依托林禽模式开发多种立体林下经济模式

甘肃清水县发展林下经济提出"挖掘资源,典型带动,稳步扩大"的思路,通过典型示范带动加快发展林下经济。该县按照以草养禽、以禽促林的生态循环发展模式,放养土乌鸡,建成养殖、屠宰、加工和销售为一体的综合养殖加工厂。该县还坚持"宜种则种、宜养则养"的原则,因势利导,因区施策,2013年先后试验推广了林菌、林禽、林草、林药和林菜等5种立体开发模式,发展万只以上林下养鸡户35户,分散养殖户126户,出栏放养鸡118万只,年销售收入突破1200万元。

2. 稻鱼共生

稻鱼共生是一种结合水稻种植和鱼类养殖的生态系统,其原理在于模拟自然生态过程中的互利共生关系。在稻鱼共生系统中,鱼类如鲫鱼或鲤鱼被引入水稻田中,鱼在稻田中游动,可以吃掉害虫和杂草,同时鱼的排泄物又可以为水稻提供养分,促进水稻生长。

这种模式实现了物质和能量的多级利用,形成了良性的生态循环。减少化肥和农药的使用,有利于生态环境的保护;而且提高土地的利用效率,提高水稻和鱼类的产量,实现经济效益的提升;同时稻鱼共生还可以保护和增加生物多样性,维护生态平衡。

广西大新县稻鱼共生

广西大新县堪圩乡明仕村稻鱼共生基地核心区域占地面积为60亩,扩展区域为500亩,基地拟通过稻鱼共生生态种养示范推广水稻绿色高效种植集成技术,构建水稻绿色高效种植全程标准化体系,打造稻鱼共生全产业链融合模式。

稻田养鱼后几乎不再使用化肥、农药和除草剂,大大提高了水稻和水产品的品质和安全性。这种模式实现了资源的高效利用,提高了土地的产出效率。据估算,大新县的"一季稻+再生稻+鱼"模式亩产值可达4806元。其中,一季稻亩平均产量545千克,产值1526元;再生稻亩平均产量300千克,产值1080元;稻田鱼亩平均产量55千克,产值2200元。扣除成本后,亩平均纯利润达4361元。通过这种模式,大新县不仅实现了资源的高效利用和生态环境的保护,还促进了当地农业的可持续发展,为农民带来了实际的经济效益。

怒江州"稻田养鱼绿色高产高效创建"项目

稻田养鱼是怒江州2019年"稻田养鱼绿色高产高效创建"项目。稻田养鱼以稻为主,以鱼为辅,选择茎叶粗壮、抗倒伏力强、耐肥抗病虫害的优质水稻品种,降低农业生产成本,提高综合收益,同时对土壤内的有害微生物通过生物防治方法进行防治。项目采用"公司+基地+建档立卡户"的模式运营,农户可以通过土地租金、用工酬劳和养殖收益等方式获得收入。例如,在泸水市丙贡村,参与项目的农户通过养殖稻花鱼,预计在中秋节前后可以获得2500~3000元的收入。通过发展稻鱼综合种养,促进乡村产业兴旺,拓宽农民增收渠道,带动了贫困家庭的收入增长。

江西彭泽县稻虾蟹共作生态养殖模式

江西彭泽县示范园推广水稻种植套养大闸蟹、小龙虾等水产品种的稻虾蟹共作生态养殖模式,实现了一地两用、一季双收、绿色循环的经济与生态双重效益。彭泽县通过这一模式,成功创建了国家级现代农业产业园和国家农村产业融合发展示范园,成为农业增效、农民增收的重要途径。而且彭泽县依托农业龙头企业的带动,形成了从育种、养殖到加工、销售的全产业链条。这不仅提高了产品的附加值,还促进了旅游、民宿、农家乐等新业态的发展,进一步带动了农户创业增收和乡村全面振兴。

3. 农林废弃物资源化利用

农林废弃物资源化利用是对农业生产和林业活动中产生的各类有机废弃物进行高效利用,这些废弃物包括作物秸秆、树木枝条、果实外壳等。资源化利用的过程涉及将这些废弃物转化为有用的产品或能源,如有机肥料、生物质燃料、板材等,从而减少资源浪费和环境污染。通过农林废弃物资源化利用,促进物质循环和能量流动,提高农业和林业的生产效率,将废弃物转化为有价值的资源,增加农民和林业工人的收入,减少化肥和农药的使用,降低环境污染,在生态产品价值实现中具有重要作用。

3.1 秸秆等农业废弃物资源化利用

秸秆废弃物资源化利用将农业生产中产生的作物秸秆,如小麦、水稻、玉米等作物的剩余部分,转化为有用的产品或能源。这一过程包括秸秆还田、堆肥、生物质能源转化等多种形式,旨在减少资源浪费和环境污染,促进了物质循环和能量流动,提高了农业生产效率。"十三五"以来,中央财政累计安排资金86.5亿元,支持了684个重点县整体推进秸秆利用。全国秸秆每年产生量达8.65亿吨,可收集量7.31亿吨,秸秆资源利用变成"五料",即肥料、饲料、基料、燃料、工业原料。

黑龙江省的秸秆综合利用

黑龙江省在秸秆综合利用方面取得了显著成效。根据黑龙江省人民政府办公厅印发的《黑龙江省秸秆综合利用工作实施方案(暂行)》,2023年,全省秸秆综合利用率达到95%以上,秸秆还田率达到68%以上。这一成就得益于多项措施的实施,包括加强秸秆还田肥料化利用、加快秸秆离田产业化利用、做好秸秆供需有序衔接、规范秸秆打包离田操作以及强化农业生产全程社会化服务。10万亩耕地应用稻草秧盘,可直接消化水稻秸秆3万余吨,节省生产成本1000余万元,可以达到环保、节本、增效等目的。

黑龙江省还制定了秸秆综合利用补助政策,对符合相关标准的秸秆综合利用途径进行补贴,进一步推动了秸秆综合利用的发展。

山东省寿光蔬菜废弃物循环利用奖补政策

山东省寿光市在蔬菜废弃物循环利用方面采取了积极的措施,并取得了显著成效。寿光市从2017年起就实施了奖补政策,对参与蔬菜废弃物循环利用的主体给予每吨20~60元的补贴。这一政策旨在推广循环农业新技术,提高蔬菜废弃物的资源化利用率。另外,秸秆通过生物菌发酵变成有机肥,减少肥料投入和农药开支,还能增产 20% 以上,每亩可增收 2000 余元。

寿光市全面推广蔬菜废弃物资源化利用技术,建立了"秸秆垃圾分类、企业收集运输、多种模式并存、资源循环利用"的体系。目前,全市 17 个镇街中心全部参与到了资源化利用工作中,全面推广秸秆肥料化、秸秆燃料化等模式。这些措施显著提高了蔬菜废弃物的资源化利用率,促进了农业的绿色发展,并为农民创造了经济效益。

3.2 畜禽粪污资源化利用

禽畜粪便资源利用是将养殖业中产生的动物粪便转化为有用的产品或能源,这一过程包括堆肥、生物质能源转化等多种形式。其核心是利用微生物的自然发酵作用,将粪便中的有机物质转化为稳定的有机质和养分,从而减少资源浪费和环境污染。在禽畜粪便资源利用中,堆肥是一种常见的处理方式,通过将粪便与其他有机废弃物(如作物秸秆、食品废物等)混合,在适宜的温度、湿度和氧气条件下进行发酵,通过高温杀死病原体和杂草种子,最终形成富含养分的有机肥料。

禽畜资源循环利用不仅改善复合生态系统,而且通过资源的循环利用,降低了种植成本、养殖成本和生活成本,同时使用沼气,减少煤炭等燃料的使用,有利于节约资源,促进能源结构性转变,帮助实现生态产品价值化。

湖北省农业废弃物消纳还田

湖北省某企业为解决农村畜禽粪污和秸秆等废弃物就地消纳还田难题设计的解决方案,采用便携式小型智能化设备,通过小面积分散就地建堆,大量减少畜禽粪污和秸秆收集难度与运输距离,降低畜禽粪污和秸秆收集成本。在小区域内对秸秆、枝条、杂草、畜禽粪污等进行收集,使用微生物菌剂进行发酵堆肥,并将腐熟后的有机肥料就地就近还田施用,最终实现就地消纳农业有机废弃物、变废为宝,循环利用,有效提高农作物品质,同时逐步提高土壤有机质、恢复土壤活性减少工业化肥用量,将有效刺激农户自发地收纳秸秆和畜牧粪污进行资源化利用,有效解决农业面源污染难题。

江西省寻乌县鸡粪变废为宝

江西省寻乌县在鸡粪资源化利用方面取得了显著成效。养殖场引进了厌氧发酵设备,将鸡粪经过发酵加工和无害化处理后变成有机肥。这种方法不仅减少了鸡粪处理的环境影响,还创造了经济价值。寻乌县是农业大县,拥有25万亩的柑橘种植面积,对有机肥的需求非常大。以前处理鸡粪是负担,需要工人装袋、找地方存放,都要花钱。现在鸡粪变成了抢手的有机肥料,每年为养殖场带来140多万元的收入。鸡粪的资源化利用不仅清洁了家园、田园和水源,减少了蚊蝇和臭气,还改善了村里的环境,实现了环保和经济效益的双赢。

(三) 提升产品附加值

通过科技创新和工艺改进,增加生态产品的功能性和市场竞争力,丰富生态产品的内涵,提高辨识度、知名度,提高价值转化效率和效益,帮助生态产品获得更高的价格和更大的市场份额,增加其市场价值和吸引力,从而提升产品附加值。

1. 品种选育

品种选育可以通过培育具有特定性状的新品种,提高作物的产量、抗病性和适应性,从而提升产品的市场价值。品种选育的原理是基于遗传学、育种学和生物技术等科学知识,通过选择和繁殖具有优良性状的植物或动物,以培育出新的、更适应特定环境或具有更高经济价值的产品。通过品种选育可以培育出更适应特定生态环境的作物,减少对化肥、农药的依赖,降低农业生产对环境的负面影响。还能提高作物的产量和品质,满足市场对高品质、特色产品的需求,从而提升产品的市场价值和竞争力。

山东省青岛杨家山里樱桃品种优化

山东省青岛杨家山里的樱桃种植历史悠久,已有600多年,以种植面积达5000余亩、各类樱桃树46万余株而著称,被誉为"樱桃之乡"。近年来,杨家山里通过标准化培育和品牌化发展,樱桃已成为当地助农增收的支柱产业。樱桃采摘节已成为杨家山里最具特色的一张名片,每年吸引20余万人前来采摘,年接待游客30万人次,旅游收入突破3000万元。杨家山里通过创新和合作,推动了特色农产品精品化、高附加值方向转型升级,并与国内多所农业大学、科研院所合作,品种优化,并深度开发樱桃果酒、果酱、果脯的工业插排,进一步提高农业附加值。构建了原种优培、产业链生产、品牌打造一体化农业产业体系,提高了特色农产品的竞争力。

山东省泰安岱岳区果树良种改造

泰安岱岳区果树老、密、残次林比例大,造成了产量低、经济效益差的不利局面。岱岳区为解决这些问题,加强了与科研院所的合作,引进了优良树种,并推广了先进的栽培技术。山东省果树科学研究所的专家们深入田间,向果农传授了甜樱桃的品种选择、树形选择、种植诀窍以及病虫害防治等知识。这些措施不仅提高了果农的种植技能,还改善了果树的生长环境,从而提高了产量和品质。其中引进的优良树种榛子,春季赏花,秋季结果,既有观赏价值,又有较高的经济效益。嫁接板栗品种西祥1号60亩,产量从原来亩产不足25千克,三年后亩产达到100千克以上。

2. 农副产品深加工

农副产品深加工是对农产品进行多层次、多形式的加工,如将农产品加工成健康食品、美容产品等,以满足市场对多样化、高品质产品的需求。我国市场上初级生态产品占80%,加工产品仅占20%,但也仅是最简单的加工。我国生态产品产业处于初级阶段,生态食品深加工将是未来行业发展方向。

> **山东省诸城市榛子产业链**
>
> 诸城市皇华镇采用"苗木繁育＋榛子收购＋深加工研发＋仓储物流＋平台交易＋线上、线下销售"的运作模式,将"产学研"相结合,以生产、研发、加工、销售为关键环节,向产前产后延伸。建设榛子植物蛋白饮料生产线、榛子膳食油生产线、榛子休闲食品生产线等进口自动化生产线,生产加工了多口味榛仁、榛子巧克力、榛子能量棒、榛子油、榛子酱等榛子产品,年可生产榛子植物蛋白饮品 63 000 吨,高档榛子膳食油 400 吨,榛子休闲食品及原料 2800 吨。研发国内首款纯榛子植物蛋白饮料"魏榛·榛子乳",填补了国内榛子产品深加工的空白。

3. 海洋药物技术

海洋药物技术是利用海洋生物资源开发新药,这不仅能提升海洋资源的附加值,还能为医药产业提供新的增长点。我国海洋生物医药产业增加值从 2005 年的 17 亿元增长至 2018 年的 413 亿元,是我国海洋经济领域发展最快的产业。《中共中央关于制定第十四个五年规划和二〇三五年远景目标的建议》中提出"坚持陆海统筹,发展海洋经济,建设海洋强国",要求构建更具竞争力的现代海洋产业体系,提高海洋资源开发保护水平。海洋生物医药和制品产业是国家海洋战略性新兴产业之一,市场前景广阔、增长潜力巨大,发展海洋生物医药和制品产业符合海洋资源高效开发、高技术应用要求。大力推进海洋生物医药和制品产业发展,对发挥好自身在海洋科技、海洋生物资源上的优势,提升全市海洋经济发展水平、推进海洋经济强市建设意义重大。

> **科技赋能破解海带蓝色密码——海昆肾喜胶囊**
>
> 山东省青岛科学家发明的"海带夏苗技术"及"海带南移栽培",使"舶来品"海带在我国实现养殖,且养殖面积大幅提高。同时,全国制碘小组在青岛成立,从海带中提碘的新工艺的试验在国内获得成功,并逐步实现规模化生

产。老中青三代接力,从基础研究到工艺提取,到 2003 年,以褐藻多糖硫酸酯为主要成分的海洋药物"海昆肾喜胶囊"上市,这是目前国际上唯一一款治疗慢性肾衰的海洋药物。在该海洋药物上市后,海洋所关于海藻的药用研究并没有止步。

(四)智慧管理

智慧管理是利用现代信息技术,如物联网、大数据、人工智能等,对生态产品进行智能化监控和管理。通过这些技术手段,可以实时收集和分析数据,优化资源配置,提高生产效率,减少环境污染。有助于提高生态产品的质量和安全,通过精准控制和监测,减少化肥、农药等有害物质的使用,保障产品的生态友好性;还可以通过智能化的监测和管理,促进资源的循环利用和生态系统的保护,实现资源的高效利用和生态环境的可持续性。

贵州省贵阳林业信息化建设

贵阳市"一套数"推动科学管理、"一张图"实现动态更新、"一张网"实现科学防控……贵阳市抢抓大数据发展机遇,加快林业信息化建设步伐,搭建的"贵阳智慧林业云平台",通过林业与互联网、大数据深度融合,实现林业精细化管理,助力生态文明试验区建设。"贵阳智慧林业云平台"业务涵盖森林资源监管、林业灾害应急、森林培育、产业发展四大业务板块,形成了"一平台、四系统、二十六个业务子系统"和"空、天、地三位一体"的整体构架。该平台将 2011 年以来林业生态保护建设数据录入系统,实现数据的集成、共享,统计分析森林为社会生产生活提供的生态价值总量和贡献值,用直观化的数据体现了森林生态服务功能价值。

山东省东营黄河三角洲现代农业生产系统管理

东营市以黄河三角洲现代农业生产系统管理与优化数字化平台为基础，定制盐碱地改良方案、种植方案以及种植布局。结合环境农业生产和环境监测的系列传感器，推广应用农业气象、虫情等农业灾害的预警制度，并采用大田作业的智能化装备和作业指挥系统、无人机农业"查打"一体化技术系统，构建数字智慧农业新模式。

山东省蒙阴县搭建生态资源大数据平台

蒙阴县有效整合自然资源、生态环境、林业等生态资源数据，开展生态产品的数量、权属、空间分布等基本信息调查，编制生态产品目录，建立生态资源大数据平台。在全国率先搭建生态资源大数据平台，并以表、图、册等形式导入大数据平台，实现全县生态资源"清单＋底图"大数据存储。同时，探索利用资源一号2D高光谱卫星，定期对重点生态资源进行实时监测。

山东省东营市大闸蟹全周期管理应用场景

东营市为解决养蟹成长环境不好把控、市场销售鱼龙混杂、产品质量难以保证等问题，通过建设物联网智慧监管平台、农产品检测中心、农业大数据中心，形成全周期管理应用场景。一是运用水下摄像机、传感器等设备对养殖池塘进行智能化管理，实时监测水温水质参数，实现养殖水立体化、全过程科学把控。二是采用无人船声呐探测技术，定时扫描水体中大闸蟹的数量、大小、分布等指标，全程管控每只大闸蟹的生长过程，确保大闸蟹品质。三是将区块链溯源技术应用于生产销售全过程，构建农业物联网追溯系统，实现每只商品蟹从池塘到餐桌的质量安全监管，获新加坡、马来西亚等国家和地区的出口资质。

三、经济手段

经济手段是利用市场机制和经济政策，通过生态交易、融资渠道和生态市场化运营等方式，促进生态产品价值的实现。经济手段通过价格机制、供求关系和资源配置等市场机制，引导资源配置提升生态产品价值增益。通过生态交易，如碳交易、水权交易等，可以实现生态环境资源的经济价值化，促进资源的合理配置和高效利用。融资渠道则通过金融市场的资金支持，促进生态产业的发展和创新。生态市场化运营则是通过市场化的手段，如生态旅游、绿色农产品销售等，提升生态产品的附加值，实现生态产品的经济价值。经济手段通过融资渠道和市场化运营，促进生态产业的发展和创新，提高生态产品的市场竞争力，实现经济效益和生态效益的双赢。

（一）交易

交易是利用市场机制，通过生态产品实物交易、生态权益资产交易和指标交易等方式，促进生态产品价值的实现。生态交易（图7）是生态产品供给方、需求方、投资方等利益相关方围绕生态产品进行的经济活动，以实现从资源到资产、资本的转化。生态产品具有自然依附性，将生态实物产品（"三品一标"认证农产品、农林牧副渔等绿色农特产品等）、生态权益资产（土地经营权、流域水权、河道水域经营权、林地经营权、用能权、碳排放权、排污权、小型农田水利设施使用权等）同指标交易（碳汇、占补平衡指标等）一起归为资产权益类产品后，生态产品交易包括物质产品、资产权益类产品。

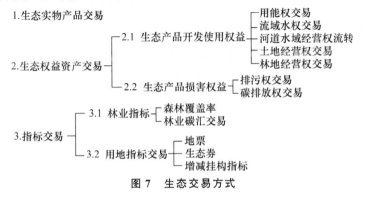

图7　生态交易方式

1. 生态实物产品交易

随着经济发展水平的提高，消费水准和能力不断增强，特别是后疫情时代，人们对健康越来越重视，对有机无公害的生态农产品的需求越发强烈。蔬菜类、特色林果类、农牧种植养殖类生态农产品，有机品类蔬菜的口感和安全性比普通菜更好，市场占比在逐渐扩大。市场调查发现，生态农产品的价格比同类普通产品的价格要高。2019年前有机菜市场价格为普通蔬菜的6～10倍，目前，部分有机菜价格已降至普通菜的1.5～2倍。生态产品的价格偏高一定程度上反映了产品生态价值的溢价，提高生态农产品供给能力和质量，是实现生态价值的重要途径。

山东农产品种类多、产量高、分布广，不同地区特色农产品差异大。目前在推进农业生态产品价值实现方面，还存在一定短板，比如生态农产品供给不足，难以满足差异化的市场需求；生态环境约束趋紧，土壤品质和水资源等因素受限；粗放式管理致农产品质量不精；规模化、标准化生产不足；对农业招商引资重视不够；生态农产品品牌不鲜明，专业人才缺口较大等。总体来说，生态农产品发展优化空间较大、前景广阔。农业生态产品价值实现需要成体系的一揽子市场运营手段，各项手段要相互支撑、系统实施。

加大营销宣传，是促进农产品市场交易的关键。加大宣传力度，打造品牌效应，广泛利用网络媒体、传统广告宣传等手段加强农产品营销宣传。发挥农户和合作社宣传的积极性，搭建长久有效的产品宣传平台，加强与其他发达城市的产销对接和消费帮扶，进一步扩大农产品销量。

农产品物流是关系农产品市场交易的重要环节。小农经济背景下农产品所有者往往通过自营物流的形式完成市场交易，即农产品物质实体的生产者自行组织农产品物流活动，将农产品物质实体直接运送给消费者。由于规模小、单位成本高、附加值低等缺点，已不能满足农村地区日益增长的农产品物流需求。现代农产品交易可以依托第三方物流，包括物流园区模式、农产品物流园区模式。为推动发展农产品物质实体的销售规模，促进农产品批发、销售和流通的有效衔接，实现农产品运输、检验检疫、报关等功能于一体，物流园区的建立，降低了农产品物流成本，极大地带动了当地农产品产业的发展。

安徽省安庆市建农产品物流园

安庆市建有 56 万平方米的海吉星农产品物流园,并于 2020 年 10 月正式运营。海吉星是皖西南最大的综合性农产品批发市场,内设主体市场交易区、粮油商品区、冷链仓库区、水产交易区、农产品展销区等区域,安庆海吉星农产品物流园在确保食品安全、市场保供稳价等方面发挥了积极作用,并大幅度带动周边农产品和物流业发展,打通产销链,形成一体化发展。

云南省陆良构建现代农业产业体系

云南陆良聚焦目前产业链不长、附加值不高等问题,用工业化理念、全产业链思维构建现代农业产业体系,着力补齐农产品精深加工、商贸交通运输两大短板,全力以赴推进国际农产品交易中心建设,把陆良打造成全省乃至西南地区有影响力的农产品交易集散地。

山东省东营大闸蟹 F2F(农场到家庭)营销理念

东营与中国水产加工与流通协会合作,一是引入 F2F(农场到家庭)营销理念,建立"邮政快递+黄河口大闸蟹"配送模式,严把"筛选、包装、配送"等流通环节,两步分拣称重,确保各环节安全环保无污染。二是优化营销方式。在"线下"建成黄河口大闸蟹交易中心,在"线上"建成黄河口大闸蟹网红直播基地,开设京东、顺丰优选、淘宝等电商专区,在北京、香港等大城市进行推介品鉴,在乌镇世界互联网大会上布展宣传,开展网红直播带货,目前网上销售超过 30%。

电子商务平台作为一种新型交易模式近些年来发展迅速。电子商务平台的快速发展一方面得益于中国农村道路和网络基础设施日趋完善、物流配送辐射范围的扩大,另一方面,由返乡的大学生和新生代外出务工人员组成的"新农人"以及不断加入网购行列的中老年农村居民也是电子商务发展的重要推动力。

2021年9月,淘宝直播方面透露,在直播助农"村播计划"上线三年后,通过直播带动农产品销售已超50亿元。2021年"双11"期间,抖音上线了18.3万款时令农货,生鲜类农特产品销量同比增长327%。助农直播有利于打开农产品销路、促进农民增收、推进农民再就业、提升农业品牌影响力、带动特色产业发展,成为振兴乡村经济、赋能乡村发展的重要一环。

农产品期货市场以其特有的价格发现、套期保值功能对减缓现货市场价格波动、指引农民合理安排农业生产发挥着重要作用。

> **农产品网上期货期(货权)交易**
>
> 从农产品网上期货期(货权)交易来看,2019年郑州、大连商品交易所先后上市红枣、粳米期货品种,上海、郑州、大连三个交易所先后上市天胶、棉花、玉米三个期权品种,加上以前苹果、生猪、白糖、棉花等农产品期货,形成特有的期货板块,并且创新了许多农产品期货+期权+保险的供应链金融创新,探索了网上基差交易。据统计,全国三个期货交易所农产品期货交易品种累计达到15个,2019年全年交易16.44亿手,交易额达到52.68万亿元;交易农产品期权品种累计6个,2019年交易3562万手,交易额达到205.58亿元。农产品网上期货、期权累计交易16.79亿手,累计成交额52.68万亿元。

2. 生态权益资产交易

生态权益资产交易是指生产消费关系较为明确的生态产品开发使用权益(水权、林业产权等)、生态产品损害权益(排污权、碳排放权等)的产权人和受益人之间直接通过一定程度的市场化机制实现生态产品价值的模式。生态权益资产交易的前提是生态权益的确权。

资源开发及使用权益,是通过向权益使用者收取费用,让渡资源开发及使用权益,是通过生态服务付费的正向权益,通过付费使用生态系统服务功能,保护生态产品,实现生态产品价值提升。而生态产品损害权益是减负权益。资源损害权益,指的是允许权益所有人拥有碳排放权、污染排放权。这部分权益显然是破坏占用生态产品的行为。但是通过清洁生产、循环利用、降耗减排等途径所形成的污染排放权益让渡空间,通过市场交易获利,则驱动了损害权益所有人减少了对生态产品的占用和损耗,从反方向看是扩大了的生态产品供给,可以被看作是一种减少环境负荷的公共性生态产品,以此成为生态产品价值实现的重要路径。

生态产品开发及使用权益、生态产品损害权益,都具有比较明确的产权或权属关系,也都具有明确的使用受益人群或企业机构。由于存在明确的生产与消费的利益关系,在政府管制产生稀缺性的条件下,交易主体之间就会形成市场交易需求,生态权益就转变为准公共生态产品或生态商品,以生态产品本身作为价值实现的物质载体采用市场化机制在产权人和受益人之间开展直接交易。

2.1 生态产品开发及使用权益

生态产品开发及使用权益是对生态环境资源进行合理开发和利用,确保其可持续性,同时保障生态资源所有者的权益。这一概念涵盖了生态环境资源的产权界定、权益分配、市场交易和监管等方面。生态产品开发使用权益的核心在于实现生态环境资源的经济价值化,通过市场机制和经济政策,引导资源向生态友好型产业和产品转移,促进生态产品的生产和消费。同时,生态产品开发使用权益还涉及对生态环境资源的保护和修复,确保资源的可持续利用,保障生态资源所有者的权益。通过这种方式,生态产品开发使用权益有助于实现经济效益和生态效益的双赢。

(1) 用能权交易

用能权交易是指在能源消费总量和强度控制的前提下,用能单位通过核发或交易取得的、允许其使用或投入生产的综合能源消费量权益。这种交易是在区域用能总量控制的前提下,企业对依法取得的用能指标进行交易的行为。探索建立用能权交易制度是党中央、国务院的决策部署,是在加快生态文明建设、贯彻落实生态文明体制改革背景下提出的重要举措。2015年9月,中共中央、国务院印发的《生态文明体制改革总体方案》提出,"推行用能权和碳排放权交易制度"。2016年3月,"十三五"规划纲要提出"建立健全用能权、用水权、碳排放权初始分配制度,创新有偿使用、预算管理、投融资机制,培育和发展交易市场"。2016年7月,国家发展和改革委员会印发《关于开展用能权有偿使用和交易试点工作的函》,决定在浙江、福建、河南、四川4省开展用能权有偿使用和交易制度试点工作(以下简称"用能权交易制度"),并对试点内容进行了部署安排。

节能量交易方面,2011年我国提出建立节能量审核和交易制度,北京、深圳、上海、武汉、山东、成都、河北、青海、云南等地"节能量交易"平台陆续建立。用能权交易方面,2015年《生态文明体制改革总体方案》中首次提出了用能权交易,用能权交易试点正在福建、四川、浙江和河南开展。

山东省青岛市用能权交易

青岛在用能权交易上创造性地提出了"先增量、后存量,先煤炭、后其他"的总体思路,积极探索通过市场化手段,解决重点项目用能、用煤瓶颈制约,进一步挖掘节能降碳潜力。根据2022年1月青岛市政府印发的《关于开展用能权交易工作的实施意见》,在青岛首单用能权交易中,青岛能源集团通过"煤改气",腾出了部分能耗指标;海湾集团拟通过市场化手段购买能耗指标用于保障重点项目投产。青岛用能权交易工作将以新建耗煤项目为突破口,以六大高耗能行业为重点,率先启动用煤权交易工作,将交易范围逐步扩大至全行业年耗能5000吨标准煤以上的重点企业。

浙江省用能权交易

浙江省在"十二五"期间出台了《关于推进我省用能权有偿使用和交易试点工作的指导意见》,在部分市县开始试点建立用能权有偿使用和交易制度。"十三五"时期,在前期工作基础上对用能权交易制度深化探索。

2022年11月17日,宁波两家公司签订了300吨标准煤用能指标的交易,折合电量约105万千瓦·时,这是浙江省内首笔年度用能权市场化交易。这次交易使得其中一家公司能够通过出售富余用能指标获得额外增值收益,并推动企业进行技术改造,实现正向循环,保持技术领先。同时,另一家公司通过购买用能指标满足生产需求,并促使企业合理安排用能,控制企业新增能耗,提高能源利用效率,倒逼企业转型升级。

> 从浙江省用能权交易情况来看,2021年全年共产生12笔交易,总量为337 794吨标准煤。这些交易不仅促进了节能减排,还为企业提供了额外的增值收益,促进了企业技术改造和产业升级。

福建省用能权交易

福建省在"十二五"时期开展节能量交易探索的基础上,"十三五"时期开展用能权交易试点工作。福建省自2016年被确定为全国用能权有偿使用和交易试点省份之一,随后在2017年发布了《用能权有偿使用和交易试点实施方案》。该方案将火力发电和水泥制造等行业纳入用能权交易试点,实现了从节能量交易向用能权交易的过渡。2018年起,福建省加快了有色、石化、化工等重点用能行业的纳入,并计划在2019年建成一个运行良好的用能权交易市场。福建省的用能权交易市场在4个试点中进展最快,覆盖范围广泛。用能权试点范围包括水泥制造、火力发电、炼钢等9大行业,共计95家企业。此外,福建省在启动用能权交易前发布了多项政策文件,顶层设计较全面,涉及用能权交易的主体、指标总量设定和管理、市场调节机制、第三方审核等方面。

河南省用能权交易

河南省自2016年被确定为全国用能权有偿使用和交易试点省份之一。2017年,河南省响应国家规划,印发了《河南省"十三五"节能低碳发展规划》,明确提出建立能耗消费报告、审核和核查制度,并完善交易争议解决机制、设立交易调节基金等措施,推进用能权有偿使用和交易试点。2018年,河南省人民政府印发了《河南省用能权有偿使用和交易试点实施方案》,将郑州市、平顶山市、鹤壁市、济源市4市有色、化工、钢铁、建材等重点行业年耗能5000吨标准煤以上的用能企业纳入试点范围。

河南省的用能权交易试点工作有几个显著特征,包括差异化配额分配制度、强制与自愿参与结合的市场模式、探索用能权补偿机制及市场调节机制,以及公开透明的交易信息公示制度。这些措施旨在通过设定能源消费总量控制上限,并通过市场交易手段使能源向更高效利用的领域配置,倒逼用能单位节能改造,转型升级,促进能源结构优化调整。

2023年,河南省完成了首笔用能权指标交易。安阳市作为用能权指标出让方,河南某公司作为受让方,完成了10.3万吨标准煤的能耗指标交易,交易金额为206万元。这表明河南省在用能权交易方面取得了实质性进展,并开始发挥市场在资源配置中的决定性作用。

四川省用能权交易

2018年2月,四川省用能权有偿使用和交易试点工作领导小组办公室印发《四川省用能权有偿使用和交易试点实施方案》。2018年11月,四川省发展和改革委员会印发《四川省用能权有偿使用和交易管理暂行办法》,对用能权指标分配、用能量核定等方面进行了规范。2019年3月,四川省发展和改革委员会公布了第一批110家纳入用能权交易的重点用能单位名单,2020年2月,公布了第二批74家拟纳入企业名单。四川省用能权制度设计中,前两批纳入范围的包括钢铁、水泥、造纸、白酒、建筑陶瓷、化工(仅合成氨)等行业的重点用能单位。交易主体暂定为重点用能单位及符合用能权交易规则相关规定的其他用能单位、社会机构、组织。核心交易产品是用能权交易主管部门核定的用能权指标,用能权指标实行免费分配和有偿分配相结合的方式;非重点用能单位经核定备案的节能量可作为补充交易产品,起到抵消作用,并提出逐步探索可再生能源绿色电力证书等作为补充交易产品。从制度设计理念上,四川省实施方案的特点是考虑了将节能量、绿色电力证书等作为抵消机制。

(2) 水权交易

随着人类社会经济活动的快速发展,在众多自然资源里,流域中水的稀缺性显著增强,加之其具有的外部性特点,使得"搭便车"和"公地悲剧"现象时有发生。而且在一个流域中,会同时存在地域分水(地域分水指一个流域内不同省份和地区之间的水量分配,或者指在一个省、地区、县域范围内,地表水、地下水、主水、客水、过境水等不同的水怎么分配)。因此,通过建立有效的水权交易市场来实现流域中水资源这一商品的再次分配,按照流域和地域的范围进行水权分配,从而实现节约用水和水资源配置效率的提高。同时,就上游地区提供保证水量、保护水质等维护生态产品供应能力的服务行为给予必要补偿,是实现缓解流域和地域之间矛盾关系的有效方式。

根据《水利部关于印发〈水权交易管理暂行办法〉的通知》(水政法〔2016〕156号,以下简称《水权交易办法》)规定,水权包括水资源的所有权和使用权。水资源包括地表水和地下水。

《中华人民共和国水法》规定,水资源属于国家所有,水资源的所有权由国务院代表国家行使。农村集体经济组织的水塘和由农村集体经济组织修建管理的水库中的水,归该农村集体经济组织使用。我国对水资源实行流域管理与行政区域管理相结合的管理体制。国务院水行政主管部门在国家确定的重要江河、湖泊设立的流域管理机构,在所管辖的范围内行使法律、行政法规规定的和国务院水行政主管部门授予的水资源管理和监督职责。县级以上地方人民政府水行政主管部门按照规定的权限,负责本行政区域内水资源的统一管理和监督工作。

水权交易是指在合理界定和分配水资源使用权基础上,通过市场机制实现水资源使用权在地区间、流域间、流域上下游、行业间、用水户间流转的行为。根据《水权交易办法》规定,我国水权交易主要包括三种类型:一是区域水权交易。该等水权交易的主体是县级以上地方人民政府或者其授权的部门、单位;交易标的为用水总量控制指标和江河水量分配指标范围内结余水量;交易范围为位于同一流域或者位于不同流域但具备调水条件的行政区域之间;二是取水权交易。该等水权交易的主体为获得取水权的单位或者个人(包括除城镇公共供水企业外的工业、农业、服务业取水权人),通过调整产品和产业结构、改革工艺、节水等措施节约水资源的,在取水许可有效期和取水限额内向符合条件的其他单位或者个人有偿转让相应取水权的水权交易;三是灌溉用水户水权交易。该等水权交易适用于已明确用水权益的灌溉用水户或者用水组织之间的水权交易。

我国水权交易发展历程主要经历了三个阶段:第一阶段是探索实践阶段,始于东阳—义乌的区域水权交易实践,及其随后其他地区(例如甘肃、内蒙古、宁夏等)的水权转让的实践,引起了社会的广泛关注。第二阶段是水权试点阶段,始于2005年水利部在前述水权转让实践的基础上提出了《关于水权转让的若干意见》,提出要进一步推进水权制度建设,规范水权转让行为。其间,水利部还印发了《关于开展水权试点工作的通知》,明确在宁夏、江西、内蒙古等7个省(自治区)开展不同类型的水权试点工作并取得重要进展。第三阶段是快速推进阶段,在全国水权试点的带动下,我国水权交易实践加快推进,具体表现为:出台了水权交易制度,以水利部2016年4月印发的《水权交易管理暂行办法》为标志;搭建了国家级的水权交易平台,以经国务院批准于2016年6月28日正式开业运营的中国水权交易所为标志;推进了地方水权确权和水权交易建设。截至目前,包括江苏、内蒙古、安徽、河北等在内的多个省份都出台了本省的水权交易管理办法。

① 水权交易机制

区域水权交易:应当通过水权交易平台公告其转让、受让意向,寻求确定交易对象,明确可交易水量、交易期限、交易价格等事项。交易各方一般应当以水权交易平台或者其他具备相应能力的机构评估价为基准价格,进行协商定价或者竞价;也可以直接协商定价。转让方与受让方达成协议后,应当将协议报共同的上一级地方人民政府水行政主管部门备案;跨省交易但属同一流域管理机构管辖范围的,报该流域管理机构备案;不属同一流域管理机构管辖范围的,报国务院水行政主管部门备案。在交易期限内,区域水权交易转让方转让水量占用本行政区域用水总量控制指标和江河水量分配指标,受让方实收水量不占用本行政区域用水总量控制指标和江河水量分配指标。

取水权交易:转让方应当向其原取水审批机关提出申请。申请材料应当包括取水许可证副本、交易水量、交易期限、转让方采取措施节约水资源情况、已有和拟建计量监测设施、对公共利益和利害关系人合法权益的影响及其补偿措施。原取水审批机关应当及时对转让方提出的转让申请进行审查,对转让方节水措施的真实性和有效性进行现场检查,在20个工作日内决定是否批准,并书面告知申请人。转让申请经原取水审批机关批准后,转让方可以与受让方通过水权交易平台或者直接签订取水权交易协议,交易量较大的应当通过水权交易平台签订协议。协议内容应当包括交易量、交易期限、受让方取水地点和取水用途、交易价格、违约责任、争议解决办法等。交易价格根据补偿节约水资源成本、合理收益的原则,综合考虑节水投资、计量监测设施费用等因素确定。交易完成后,转让方和受让方依法办理取水许可证或者取水许可变更手续。县级以上地方人民政府或者其授权的部门、单位,可以通过政府投资节水形式回购取水权,也可以回购取水单位和个人投资节约的取水权。回购的取水权,应当优先保证生活用水和生态用水;尚有余量的,可以通过市场竞争方式进行配置。

灌溉用水户水权交易:在灌区内部用水户或者用水组织之间进行。县级以上地方人民政府或者其授权的水行政主管部门通过水权证等形式将用水权益明确到灌溉用水户或者用水组织之后,可以开展交易。灌溉用水户水权交易期限不超过一年的,不需审批,由转让方与受让方平等协商,自主开展;交易期限超过一年的,事前报灌区管理单位或者县级以上地方人民政府水行政主管部门备案。灌区管理单位应当为开展灌溉用水户水权交易创造条件,并将依法确定的用水权益及其变动情况予以公布。县级以上地方人民政府或其授权的水行政主管部门、灌区管理单位可以回购灌溉用水户或者用水组织水权,回购的水权可以用于灌区水权的重新配置,也可以用于水权交易(如图8所示)。

图 8　水权交易的 3 种方式

② 水权交易收益路径

根据水权交易形式和机制,社会资本可在生态环保项目中,通过以下路径实现水权交易收益:

通过社会资本实施生态环保项目,特别是对江河湖泊等水源地或水污染的治理,产出可供市场交易的水资源,并通过将该等水资源转化成为可供区域水权交易的用水总量控制指标的方式,实现增量水权控制指标交易收益。

永定河流域治理项目的北京官厅水库水权交易

永定河流域治理项目的北京官厅水库,在 2016—2018 年共有三笔交易信息,每年成交水量达成 $(4\sim5)\times10^7$ m^3,单价为 0.294 元/m^3。因此,区域水域交易单笔即可实现超过千万元的收益。其中,2016 年"张家口市友谊水库、张家口市响水堡水库、大同市册田水库"买入"北京官厅水库"的交易,项目公司实现超 1600 万元水权收益(表 5)。

表 5　北京官厅水库水权交易记录

时间	卖方	买方	成交水量/10^4 m^3	单价/(元/m^3)	总计/万元
2016-06	北京官厅水库	张家口市友谊水库、张家口市响水堡水库、大同市册田水库	5741	0.294	1687.85
2017-11	北京官厅水库	张家口市响水堡水库、大同市册田水库	4000	0.294	1176
2018-05	北京官厅水库	大同市册田水库	4190	0.294	1231.86

社会资本或其为实施生态环保项目成立的项目公司作为获得取水权的单位,通过调整产品和产业结构、改革工艺、节水等措施节约水资源的,在取水许可有效期和取水限额内向符合条件的其他单位或者个人有偿转让相应取水权获取水权交易收益。

山东省潍坊水权交易

2022 年 11 月 24 日潍坊市一家蔬菜加工企业,取水水源为峡山水库,年取水指标为 2×10^4 m^3。自 2020 年开始,随着企业生产规模扩大,取水指标已不能满足生产用水需求。由于峡山水库向工业供水可供论证水量已达上限,该企业进行了两次水资源论证都未通过专家评审,取水许可指标无法增加,企业因为缺水面临搬迁。潍坊某生物材料公司也是峡山水库用水企业,近两年由于生产工艺改进,实行节约用水等措施,取水指标有剩余,通过供水管理科积极牵线,沟通市县两级水行政主管部门,两家企业达成了年5万立方米的水权交易意向。这是潍坊市自出台《潍坊市水权交易管理实施办法》以来,峡山水库完成的第一笔水权交易,也是潍坊市城区企业完成的首笔水权交易。

社会资本通过实施生态环保项目中的灌区节水综合改造工程,将结余的农业灌溉水权通过政府回购的方式实现水权交易收益。

永定河EOD引导下结余水资源交易

作为首批36个EOD试点项目之一的怀来永定河沿岸及官厅水库周边生态环境导向的开发项目,其建设内容中包含了怀来洋河二灌区节水综合改造,通过调整农业种植模式,能够实现节水灌溉面积8.2万亩,节水$2091.62 \times 10^4 \mathrm{~m}^3$的项目产出。该等结余水资源即可通过灌溉用水户水权交易的方式实现相关收益。

美国水银行及水权转让

美国爱达荷州州议会指导州水资源局在1979年成立水银行。其运作方式是沿袭20世纪30年代民间运河公司经营租赁水池的管理方式,在租赁水池中贮存农业多余的水资源,并给缺水用户供水,在不涉及水权交易的情况下,利用民间运河进行水量输运,调配地区工业、农业、公共用水,大幅度降低水资源的运输成本,并提高了水资源交易的时效性。

1991年，美国加州历经5年的干旱，州政府设立了加州水银行，并利用水银行进行救旱。在干旱期水银行进入水市场，农民购入灌溉水、抽取地下水或从水库引用剩余水等，并由水银行制定一固定且高于买入水价的售水价，将水售给需水用户。

美国得州位于干旱的沙漠地区，早年即有许多私人的水利公司存在，1993年在州政府的建议下成立了美国得州水银行。得州水银行与爱达荷州或加州水银行的运作方式截然不同，得州水银行的宗旨为"避免干旱发生，并使水市场交易更为活泼"。所以水银行成为水资源买主与卖者之间的中介机制，买卖双方只要向州自然资源保护委员会提出申请，就可以暂时或永久转移水权或所持有的水量。亦即得州水银行提供各种水价和其他必要的交易信息，活化水市场的信息交流，并进行执法把关。

澳大利亚水权拍卖制度

澳大利亚是一个淡水资源缺乏的国家。联邦政府通过立法，将水权与土地所有权分离，明确水资源归州政府所有，由州政府调整和分配水权。澳大利亚的水权分为三类：批发水权、许可证和用水权。州政府不再审批发放新的水权，要想取得水权，只能通过水权交易取得。批发水权、许可证和用水权均可转让。水权转让可以是临时性的，也可以是永久性的；可在州内转让也可跨州转让；可以全部转让也可部分转让。水权的转让价格完全由市场决定，政府不进行干预，转让人可采取拍卖、招标或其他认为合适的方式。在水权交易的过程中，州政府起着非常重要的作用，包括提供基本的法律和法规框架，建立有效的产权和水权制度，保证水权交易不会对第三方产生负面影响；建立用水和环境影响的科学与技术标准，规定环境流量；规定严格的监测制度并向社会公众发布信息；规范私营代理机构的权限。目前，澳大利亚的水权交易已在各州逐步推行，并且交易额有增大的趋势。随着水权交易市场化发展，用水户的节水意识逐步加强，很大程度推进了全国节水进程。

东阳和义乌——开我国水权交易先河

东阳市和义乌市均位于我国浙江省金华江流域,其中东阳市位于义乌市上游,区内水资源较为丰富,拥有约 19×10^8 m³ 水资源储备量,而同处于金华江流域的义乌市水资源总量却严重匮乏,储量仅有约 7.2×10^8 m³,为东阳市的 1/3,缺水干旱现象严重。加之义乌市本身发展水平相对较高,经济发展速度不断加快,城市面积和人口增长迅速,越发加剧了义乌市的缺水现象。义乌城市发展面临着水资源短缺的巨大障碍。东阳市通过此次水权交易,将每年原本无用的泄洪水量出售给义乌,在一次性获得 2 亿元综合费用的基础上,每年还有 500 万元的水量出售收入。同时,根据协议,义乌还需要对相关管道、水力发电机组等基础设施进行改造,提高了东阳的基础设施建设水平。在此次交易中,东阳和义乌实现了优势互补,获得了彼此所需效益。这一互利共赢的水权交易合作,被《人民日报》称为开创了"中国水权制度改革的先河"。

甘肃省张掖市水权交易——微观层面的水权交易

张掖属于典型的灌溉农业区,本地区自然本底环境相对较差,常年干旱少雨,年降水量、地表和地下径流相对较少。严重的水资源不足问题,上下游之间的水量分配问题矛盾十分尖锐。由于张掖在黑河流域的特殊地位,黑河分水方案的落实,关键在于黑河流域中游的张掖地区。张掖市在 2002 年 3 月被水利部确定为节水型社会建设试点,这在全国范围是第一个。鉴于农业用水占张掖市用水总量的 80% 以上,推进农户节约用水成为张掖市的节水型社会建设试点的重点。通过"总量控制,定额管理"两条路径,推进水权交易的落实。"总量控制"即将水资源使用权具体量化到每一个层级,市、县、乡镇、村均有其总量控制的指标,在宏观层面确定其总的用水量。"定额管理",则是结合总量指标,按照具体的工农业产品、人口等确定其微观层面的用水定额。宏观与微观相结合,总量与定额相结合,实现层层量化,逐级定额,最终实现水权交易的落实。在具体落实的方案上,通过制度创新,组建农民用水协会,在核定用水户灌水面积、层层分配水量、分析确定用水定额的基础上,由县级水务部门发放水权证到各用水户。每个用水户的有效灌溉面积和用水定额在水权证书中都有所规定,与用水户有关的其他信息在水权证书中也有所体现。当农民用水户拿到水权证之后,就可依据水权证向所属的灌区管理处,申请与之相对应的水票,之后,用户凭水票向上级用水管理单位申请购水,基本上形成了"先购票,后供水,水过账清,公开透明"的运作模式,富余水票可在同一灌区进行交易。在这种模式下,水票和水权证同时流通,同时运转,确保了水权交易真正成为现实可行的交易方式。这种微观层面的水权交易,充分发挥了市场在资源配置中的基础性地位。通过水权证和水票制度使水权真正成为可以交易的市场要素,其效益主要体现在以下三个方面:一是从微观的农户方面来看,激发了农民的节水意识,使用水成本降低。在试点灌区内,平均取水 46 立方米/亩,用水成本减少 8.5 元左右,人均年收入则在用水降低的同时平均增加 100～150 元,达到了节水与增收同步的目的。二是从对地区经济发展的影响来看,水权制度改革促使产业结构加速调整。自张掖市被确定为节水型社会建设试点之后,为了实现黑河分水方案的顺利实施,产业结构的战略性调整被迅速提上日程,大批高耗水产业实现了技术改造或转型升级。农业结构也在水权证和水票制度的推动下,得到有效调整,传统的高耗水小麦、大麦种植面积下降,低耗水的经济作物,大豆、板蓝根种植面积扩大,同时农民的收入水平也得到提高。三是从跨省的流域角度看:通过水权制度改革,张掖市为主的黑河流域中游用水量得到有效控制,下游内蒙古额济纳旗的生态用水得到充分保证,沿海湿地生态状况得到改善(如图 9 所示)。

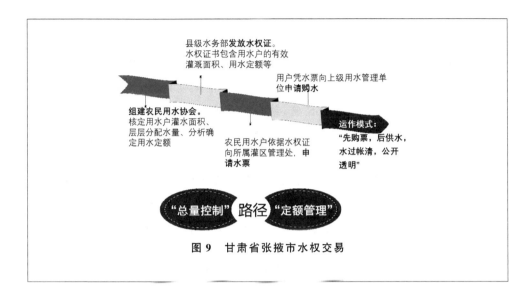

图9 甘肃省张掖市水权交易

(3) 河道水域经营权流转

河道水域经营权流转是借鉴农户林权、宅基地、农村土地承包经营权等三权抵押贷款等试点经验，探索河道资源经营权流转机制，在合同有效期内，乙方在不违反国家法律、行政法规相关规定的前提下，在获得甲方同意后，可以采取转包、转让、出租等方式实现河道资源承包经营权的流转。"河权改革"的顺利起航，不仅令一直无人问津的河道"活"起，同时为乡村振兴注入了"源头活水"，一条绿色与金色相互辉映的"两山转化"通道越走越宽。

江西省宜黄县河道经营权流转

江西省抚州市宜黄县梨溪镇辖区内6个河道承包户正式领取了《宜黄县河道经营权证》，通过明确落实到户，将资源经营权等责权利"绑"在一起，不仅让乡村一直无人问津的河道"活"起来，而且促进水生态环境保护，这种做法在江西尚属首创。宜黄水资源丰富、河道众多，为切实破解河道管理难题，用足用好水域资源，宜黄县于2019年10月制订了宜黄县河道经营管理权改革试点实施方案，明晰了河道所有权、管理权、经营权的三权关系，积极开展河道经营管理权承包到户的"河权改革"试点，通过承包人加强对河道的卫生、水生态环境和渔业资源等方面的保护,达到"以河养河"的目标。梨溪镇在宜黄县率先探索河道经营权改革试点工作,将全镇48.6千米的主要河道根据实际情况划分为6段,通过竞拍的方式将经营权承包到户,并引导承包人分类制定开发规划。经外出学习经验,结合梨溪镇河道水质、地势及沿岸风景、农耕等实际状况,承包户们规划在河里养殖石斑鱼,河面开展观光、野钓,河岸周边土地流转过来种植西瓜、玉米、葡萄、猕猴桃、草莓等经济作物,开展采摘、度假等乡村休闲旅游项目。目前,宜黄县已有桃陂、东陂、梨溪、南源、二都等乡镇开展了河道经营权改革试点,改革总河长130千米,增加了集体经济70.45万元,有效实现了生态价值的转换。(如图10所示)

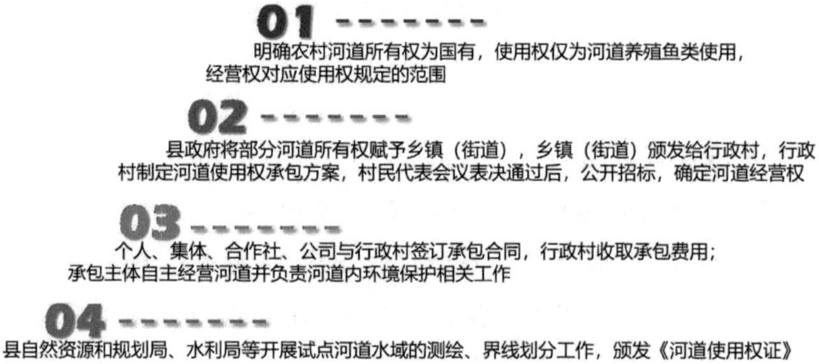

01 明确农村河道所有权为国有,使用权仅为河道养殖鱼类使用,经营权对应使用权规定的范围

02 县政府将部分河道所有权赋予乡镇(街道),乡镇(街道)颁发给行政村,行政村制定河道使用权承包方案,村民代表会议表决通过后,公开招标,确定河道经营权

03 个人、集体、合作社、公司与行政村签订承包合同,行政村收取承包费用;承包主体自主经营河道并负责河道内环境保护相关工作

04 县自然资源和规划局、水利局等开展试点河道水域的测绘、界线划分工作,颁发《河道使用权证》

图10 江西省宜黄县河道经营权流转

丽水农村河道经营权流转

2014年以来,丽水市青田县紧紧围绕"绿水青山就是金山银山"的理念,以"农村产权制度改革"为契机,立足河道资源优势,在全国首创实施农村河道所有权、使用权、经营权"三权分置"制度,推动河道经营权确权到户,积极探索GEP向GDP高效转化的新路径。积极推进河道经营权确权到户。明确农村河道所有权为国有,使用权仅为河道养殖鱼类使用,经营权对应使用权规定的范围。该县政府将部分河道所有权赋予乡镇(街道),乡镇(街道)将辖

> 内河道使用权颁发给行政村,行政村制订河道使用权承包方案,经村民代表会议表决通过后,采取公开招标方式确定河道经营权。个人、集体、合作社、公司与行政村签订承包合同,行政村收取承包费用;承包主体自主经营河道并负责河道内环境保护相关工作。同时,县自然资源和规划局、水利局等开展试点河道水域的测绘、界线划分工作,颁发《河道使用权证》。截至2020年,该县共有11个乡镇(街道)、45个行政村开展了农村河道承包经营权确权到户工作;承包主体通过发展渔业资源(每千克石斑鱼160元)、收费钓鱼(每人每天100元)等方式,平均每千米河道年收益达到2万元;每年村集体通过收取承包费用增收20万元;每村节约保洁资金1万~2万元。开展河道确权登记,明确了河道产权的所有权人的职责和权益、使用权人的归属和权利义务;将河道经营权按一定价格和时段承包出去,承包者既享受河道的经营收益,也承担河道的保洁维护义务,实现了"以河护河"的目的,带动了乡村旅游;承包到户,不仅促进了农民增收,也增加了农村集体经济收入。

(4) 农村土地资产产权交易

生态产品价值实现过程中的主阵地是在生态质量较好的农村,但是农村土地资产分散在广大农户手中,呈现零散状态。由于在各地的实践探索中,成都、重庆、武汉等相继出现农村产权交易所、农村土地产权交易所及农村综合产权交易所等农村土地资产产权交易机构,形成了较为正规的农村土地资产产权交易平台。包括提交申请、申请主体资格审查、产权作价审核、交易信息发布、产权交易、成交签订合同、费用结算、土地产权交割等环节,都在交易所完成,有效保障了各方权益。到2019年,全国建立了土地流转服务中心的乡镇占比超过了52.5%,成为促进中国农村土地流转的重要助力,对于唤醒农村土地沉睡资本、缓解农村发展资金困境起到了重要作用。这为生态产品价值实现提供了一种合适的市场路径,可以通过农村土地资产产权的收储,实现农村土地资产的集中规划管理,充分挖掘其生态产品价值,增加溢价。

伴随新一轮农村改革的深化,县一级农村产权交易市场迎来前所未有的发展机遇。目前,各地正积极建设农村综合产权交易机构,规范开展土地经营权流转政策咨询、信息发布、合同签订等服务。随着农村产权交易市场的不断发展,不仅农村集体资产管理将变得更加规范,农村土地更有活力,还会进一步促进农民收入的增加。

河北省衡水市推进农村产权交易工作

衡水市各级各部门协调联动、强力推进农村产权交易工作,在全省率先实现市、县、乡、村四级产权交易网点全覆盖。2021年实现交易17亿元,实现历史性突破,在全省综合考评名列前茅。2023年以来全市农村产权实现交易6492宗,交易面积276 339.66亩,交易金额20.9亿元,同比分别增长368%、1417%、2358%,居全省前列。2023年以来全市农村集体产权进场交易1927.5万元,惠及633个村,助力村集体增收638.3万元,壮大了农村集体经济。

---

(5) 林业产权交易

2008年6月,中共中央、国务院出台了《关于全面推进集体林权制度改革的意见》,并批准成立了中国林业产权交易所,为全国林业要素交易提供平台服务。由于全国省份林业资源禀赋各不相同,有的省份将林权交易列入农村产权交易所,有的则是参照国务院做法成立专门的林业产权交易所。在一些基层县区有的还设立了林权流转服务中心,除了林权交易还能提供林权抵押、林权评估及融资服务等。相对于其他生态资产产权交易,林权产权交易所提供的服务一般更加广泛,除了传统的交易服务外,还包括林业科技项目转让、林权抵押融资、林权保险、林权法律服务等。随着中央政府提出明确的碳达峰、碳中和时间表,中国对应对气候变化的重视程度越来越高,也带动了林业产权交易的发展,重点是林业碳汇作为森林资源的生态附属品,碳汇交易越来越频繁。目前,国家林业和草原局旗下的中国绿色碳汇基金会是森林碳汇交易的主要平台,在核准计量的基础上,企业可以通过捐赠等公益行为实现林业产权转移,在增加林业产权拥有者收入水平的同时,也为企业获得相关项目资金、树立良好社会形象提供了助力。

林票,是指国有林业企事业单位与村集体经济组织及成员共同出资造林或合作经营现有林分,由合作双方按投资份额制发的股权(股金)凭证。它不完全是为了林权的流转,其实则更是一种共赢的合作方式。所以,本质上,林票提升了林业的价值,让村民的生态保护意识有所提高。过去,林场是集体管理、分配、经营,而现在是将林业的价值提前科学预估并分配,成为实物化的可感的林票。这相当于原始股,而林木会有增值空间,因为科学评估后,林子仍在生长,会升值,所以越来越多的人会购买林票。

福建省三明林权制度

产权明则林业活,截至2021年年底,三明市办理林权抵押登记1.7万宗,抵押金额86.8亿元,累计发放各类林业信贷174.33亿元,占全省一半以上。三明,"八山一水一分田",全市森林覆盖率78.73%,位居"中国绿都"榜首。从20世纪80年代拉开全国林改大幕,到逐步实现"山定权、树定根、人定心",再到新时代在全国率先试行林票、林业碳票制度,林改始终围绕着"明晰产权"这一核心展开。目前,全市累计发放林权权属证书67.5万本,林地登记发证率98.7%。在权登记纳入不动产统一登记以来,全市共发放不动产权证书1.98万本,涉及面积368.5万亩。林改春风又绿万顷山林。随着林改的深入和森林资源价值不断显现,"十三五"时期全市共造林绿化109.1万亩,森林覆盖率提高1.5个百分点,森林蓄积量增加$2500 \times 10^4 \mathrm{~m}^3$。2021年,林业总产值1210亿元,成为全市最大产业集群,有效盘活了沉睡的林业资源资产,打通了森林资源生态价值向经济效益转化的通道。

村民让渡51%林业的股权,由国有林场科学化、专业化经营,这样就可以使产量有明显提升。在三明市,林场属于集体,是生活资料、生产资料,林场与村里合作时,会请第三方公司来评估价格,按股份分配给村里,规定30%的资金要用于村里的公益事业,其他资金才能换算成林票。村委会把林票以相应比例分给每家每户。因此,林权流转的目的主要是合作共赢。

福建省南平市森林生态银行

福建省南平市借鉴商业银行"分散化输入、整体化输出"的模式,构建"森林生态银行"这一自然资源管理、开发和运营的平台,对碎片化的森林资源进

> 行集中收储和整合优化,转换成连片优质的"资产包",引入社会资本和专业运营商具体管理,打通了资源变资产、资产变资本的通道,提高了资源价值和生态产品的供给能力,促进了生态产品价值向经济发展优势的转化。

2.2 生态产品损害权益

为应对生态环境损害救济不力严重制约社会、经济可持续发展这一困局,党的十八届三中全会明确提出建立健全生态损害赔偿制度。2015年12月,中共中央办公厅、国务院办公厅印发《生态环境损害赔偿制度改革试点方案》,对追究生态环境损害赔偿责任做出全面规划和部署,并确认了环境资源的生态功能价值,明确"环境有价,损害担责",规定由生态环境损害者承担赔偿责任、修复受损生态环境。生态环境损害赔偿的政策性改革,将在一定程度上迫使我国环境污染者将外部成本内部化,有助于破解企业污染、群众受害、政府买单的困局。

环境损害权益包括排污权、碳排放权等。从2001年我国开展首例真正意义上的SO_2排放权交易,到2002年启动总量控制下的SO_2排放权交易,再到2007年排污权交易从场外走进场内,最后到2011年7个省市启动地方碳交易试点工作,我国排污权交易和碳排放权交易逐步发展完善。

(1) 排污权交易

排污权交易(pollution rights trading)是指在一定区域内,在污染物排放总量不超过允许排放量的前提下,内部各污染源之间通过货币交换的方式相互调剂排污量,从而达到减少排污量、保护环境的目的。它的主要思想就是建立合法的污染物排放权利即排污权(这种权利通常以排污许可证的形式表现),并允许这种权利像商品那样被买入和卖出,以此来进行污染物的排放控制。

我国排污权交易最早发起于20世纪80年代,这一时期上海就黄浦江水污染日益严重的状况,开展了总量控制和排污许可的尝试,取得了一定成效,但这一时期的排污权交易的范围小、数量少、额度低,仅是就区域性污染问题的探索性尝试。中国真正意义上的排污权交易始于1999年,时任国务院总理朱镕基与时任国家环保总局局长解振华访美,与美国环保协会签署了有关美国协助中国排污权交易的意向书,并于2001年选取了南通和本溪为排污权交易的试点,开展了真正市场化意义上的排污权交易。之后,有关排污权交易的实践更加丰富,2007年后,中国开始在主要流域和区域进行排污权交易试点工作,试点规模不断加大,涉及的交易额逐年提高。2007年,浙江省嘉兴市排污权储备交易中心正式成立,成为我国第一个真正意义上的排污权交易中心。2008年,太湖流域成为率先在全国启动水污染物排放权有偿使用及交易的试点地区。之后,国家排污权有偿使用和交易的试点省市范围不断扩大,江苏、湖北、湖南、重庆、内蒙古等11个主要的省级行政单元在"十一五"期间被纳入。目前在试点的省市中大部分已经建立起了排污权初始分配机制和排污权交易平台。此后,排污权交易市场日趋成熟,目前排污权在28个省(自治区、直辖市)交易明显,部分地区结合当地实际污染特征扩展了对挥发性有机物等污染物的交易试点,交易范围不断扩大,交易金额显著增加。

山东青岛"尝鲜"排污权交易

作为国家排污权交易试点之一的山东省青岛市将试点工作放在了胶州。胶州市不断完善重点企业的总量控制目标,为排污权交易做好了数据和技术,并建立了环保物联网总量控制排污权交易云计算平台,为在全国范围内推广排污权有偿使用和交易开展了有益探索。从2016年开始,胶州首先对17家重点企业开展了刷卡排污工作,督促符合条件应缴纳初始排污权使用费的企业及时足额缴纳,实时掌控各点位主要污染物排放总量情况。

在此基础上,胶州市启动了环保物联网总量控制排污权交易云计算平台建设,在全国首次实现了环境管理联动机制创新——也就是污染源在线自动监控、排污权交易和污染物总量控制的闭环联动,填补了山东省排污权有偿交易的空白,2015年该平台通过了由中国环境科学协会组织的成果鉴定,达到了国内领先水平,并作为环保部推荐的唯一优秀案例,被纳入国家发展和改革委员会牵头撰写的第一本国家层面智慧城市年度综合发展报告《新型智慧城市发展报告2015—2016》。

胶州的排污权交易包括网上竞价、现场竞价和协议转让3种方式,企业可以自主选择。有交易资质的企业通过网上竞价的方式,通过网上申报、网上挂牌、网上竞价等环节即可完成排污权交易,不再需要往来交易所办理各种手续。

减排指标通过平台交易,一方面可以增加企业收入,另一方面企业可在保护环境的前提下促进自身发展。排污权交易的政策支撑是有偿排放,实现了自然资源的资产化,促使排污企业不断转型升级,通过采取新工艺、新技术,最大限度减少污染物排放,进而实现全市治污减排目标。

江苏南通二氧化硫交易——我国首例排污权交易

南通作为中美合作的第一批试点,有效推进市场化的排污权交易是试点工作的最主要目标。恰在此时,南通市醋酸纤维有限公司亟须扩大生产规模,却因排污受限,难以实现,而南通天生港发电公司由于及时推进设备升级和技术进步,二氧化硫排放量有效降低,积累了多达数百吨的二氧化硫排放指标。在此背景下,南通市政府积极协调,在双方自愿的前提下,推动天生港发电公司以 50 万元的价格出售 1800 吨二氧化硫排放权给醋酸纤维有限公司,有效期为 6 年,交易费用分年计算。这一实践的成功,为之后的排污权交易积累了非常宝贵的经验。随后,江苏省接连出台《江苏省电力行业二氧化硫交易管理暂行办法》和《江苏省二氧化硫排放指标有偿使用收费管理办法(试行)》等相关法律法规,为日后江苏相关排污权交易指明了方向。

江苏太仓港 SO_2 交易——我国首例异地排污权交易

江苏太仓市太仓港环保发电有限公司是苏州市一家重点发电公司,鉴于苏州市电力缺口较大,继续扩建要求迫切,却因 SO_2 总量控制指标缺乏,每年有 2000 万吨的 SO_2 排放量无法消化。而位于南京的下关发电厂积极实施脱硫技术,每年 SO_2 排放量比标准定额减少 3000 吨。在此背景下,江苏省环保厅积极作为,协调两家发电厂进行协商,并最终签订协议。2003—2005 年,每年由下关发电厂向太仓港环保发电有限公司提供 1700 吨的 SO_2 排污份额,太仓港环保发电有限公司支付 170 万元作为 SO_2 排放权的转让费用。2005年之后,则按照当年市场价格,协商购买价格,成为我国首例异地排污权交易的典范。

江苏省太湖流域水污染物排放权交易——我国首个水污染物排放权交易试点

太湖流域所在的长江三角洲地区是我国经济发展水平较高的地区,同时也是环境污染的重灾区。近年来,太湖流域蓝藻事件频发,水污染事件成为该地区的主要污染问题。有鉴于此,2008 年财政部、环保部联合发文,确定江苏省太湖流域为全国重点湖泊主要水污染物有偿使用试点,随后制订了《太湖流域主要水污染物排放指标有偿使用试点方案》和《太湖流域主要水污染物排放指标有偿使用收费办法》等相关具体实施方案。

在实施模式上,先确定 266 家重点污染企业,并按照国家和江苏省相关规划内容,依据各地水环境容量、自身经济发展水平、社会状况等确定太湖流域各市及所辖县(市、区)等的排污总量定额。各区再根据各家企业的污染物排放状况,确定其排污份额,发放排污许可,并由各家企业购买,该排污许可可在各企业之间进行交易。

太湖流域主要水污染物有偿交易实践的主要创新点在于,突破了行政区划界限,在推进过程中由省一级统一协调、统一管理,整个太湖流域被完全纳入试点范围。与此同时,充分活跃一二级交易市场,试点初期,新扩建企业排污指标需从环保部有偿获取,2009 年之后,则充分发挥二级市场的活力,企业新增指标必须从二级市场购买,排污权交易成为常态。

交易范围的扩大、交易方式灵活性的提高,充分激发了太湖流域排污权交易市场的活力,截至 2012 年年底,所有参与该交易的企业以及新建成的项目缴纳了有偿排放氮氧化物的费用累计 1.82 亿元。既提高了新建企业的环境准入门槛,又对现有重污染企业形成压力,促使其积极谋求转型或退出市场,有效推动了太湖流域环境质量的改善。

> **美国排污权交易**
>
> 最早的排污权交易起源于美国,第一阶段是以 SO_2 减排为主的"基准-信用交易模式";第二阶段是以"酸雨计划"为代表的"总量控制-许可证交易模式",政策标的物包括 SO_2、NO_x、Hg、臭氧层消耗物等;第三阶段是以碳排放权交易为主的"非连续排污削减模式",排污权交易在美国大气污染治理方面发挥了巨大作用。

(2) 碳排放权交易

碳排放交易(简称碳交易)是为促进全球温室气体减排,减少全球二氧化碳排放所采用的市场机制。这是运用市场经济来促进环境保护的重要机制,允许企业在碳排放交易规定的排放总量不突破的前提下,可以用这些减少的碳排放量,使用或交易企业内部以及国内外的能源。碳交易机制通过价格信号促使减排任务在控排单位间转移,最终达到以最低成本减少二氧化碳等温室气体排放,调整能源结构、产业结构,促进经济增长等目标。

自 2013 年陆续建立北京、天津、上海、深圳、重庆、广东、湖北 7 个碳排放权交易试点以来,"总量控制与配额交易"一直是中国应对气候变化的重要政策工具。2017 年 12 月,国家发展和改革委员会印发了《全国碳排放权交易市场建设方案(发电行业)》,明确以发电行业为突破口启动全国碳排放交易体系,首批纳入全国碳市场的 1700 余家发电企业,年排放总量超过 30 亿吨 CO_2 当量,约占全国碳排放量的 1/3。2022 年 4 月,中共中央、国务院联合印发《关于加快建设全国统一大市场的意见》,明确要求"依托公共资源交易平台,建设全国统一的碳排放权、用水权交易市场,实行统一规范的行业标准、交易监管机制"。目前国内有 3700 余个 CDM(清洁发展机制)项目,超 1606 个项目涉及 11 多亿吨二氧化碳获得签发;碳交易试点市场引入 CCER(中国自愿核证减排量)抵消机制,自 2013 年以来成交超 4.55 亿吨二氧化碳,交易额超 105.5 亿元;全国统一碳排放权交易市场已正式启动。

从目前来看,碳排放权交易占有较大比例,欧盟、澳大利亚等多个碳排放权交易市场在 2016 年碳交易量达到 6340 亿吨。欧盟的碳排放权交易市场建立了总量管制和配额市场交易化制度,金融机构广泛参与碳市场,既提供金融中介服务,也直接参与碳交易,通过碳远期、碳期货、碳掉期、碳期权、碳互换以及碳资产证券化等碳金融产品为市场参与者提供多样化的交易方式,有助于更好地发现合理的碳价。

2022年3月12日,广州碳排放权交易所发布了《碳中和2021》报告。据悉,这是首份针对全国范围内碳中和案例的全面梳理和研究。根据报告中的数据,我国2021年期间获得碳中和认证的案例总计152个,其中组织92个、活动52个、产品与服务8个,涉及的碳中和颁证单位有27个。报告统计,我国各类主体2021年共中和227.4万吨碳排放量,其中组织抵消14.59万吨、活动抵消200.75万吨、产品与服务抵消12.08万吨二氧化碳当量。

盘江集团节约瓦斯实现碳排放交易盈利

21世纪初,盘江集团走上一条发展生态循环经济的转型升级之路,成为全国最大的低浓度瓦斯综合利用企业,累计利用瓦斯节约标准煤21万吨,减排二氧化碳889万吨。瓦斯开发利用所减排的二氧化碳变成真金白银,低浓度煤矿瓦斯发电项目成功注册联合国CDM(清洁发展机制)项目,签约贵州首单CCER(国内温室气体自愿减排)项目交易,目前全国单笔低浓度瓦斯利用减排量最大的CCER项目通过国家发展和改革委员会备案审核;从2012年挖到碳排放交易"第一桶金"至今,累计用257万吨碳减排量,在国内外市场换回近2000万元收益,其中国际交易收入126万欧元;2008—2015年,仅瓦斯发电一项累计实现营业收入7.08亿元,利润总额1.66亿元,上缴税费7830万元。为煤矿节约电费支出近3亿元,获得国家瓦斯发电财政补贴近1亿元,加上瓦斯发电余热水利用,累计为煤矿增收和节约支出近4.3亿元,实现了"环保建功,企业生财"双丰收。

碳交易助力马达加斯加红树林保护

马达加斯加自2018年起联合OCTO(世界海洋交流大会)在西南部海洋沿岸地区开展"保护红树林"(Tahiry Honko)计划。截至2020年年底,该地区已种植保护超过12平方千米红树林,每年固碳量超过1300吨,在自愿碳交易市场中,其碳减排量交易额达到2.7万美元/年,持续的交易收入对红树林保护起到了重要促进作用。

美国首个湿地固碳量销售工具包与指南

2015年,美国Waquoit湾研究保护启动BWM计划(Bringing Wetlands to Market,将湿地带入市场),并发布了美国首个湿地固碳量销售工具包与指南。通过该指南中提出的湿地修复项目市场准入标准、湿地碳市场交易协议与用于湿地潜在碳储量的预测模型工具,测算出Waquoit湾Herring流域湿地修复项目有8.5万吨潜在的减排量,并以不低于10美元/吨在美国碳自由交易市场中出售,为当地湿地修复带来新的资金支持。

兴业银行碳资产结构型理财

兴业银行于2014年11月落地国内首笔绿色结构性存款,由惠科电子(深圳)有限公司认购了1000万元,在结构性存款到期日,该公司除了获得常规存款利息,还将获得不低于1000吨的深圳市碳排放权配额。兴业银行碳资产结构性理财产品仍然以银行结构性存款作为基础产品,对企业到期的收益部分进行重新划分,将一部分利息收入转化为配额收益,并支付至控排企业配额账户。

3. 指标交易

生态指标是对特定区域生态环境状况的量化,各区域因生态产品价值的差异而不同。补偿项目生态产品价值增值部分可作为生态指标存入生态账户。当开发者开发项目时,由规划部门确认是否生态补偿,若对生态造成损失,根据"污染者付费"原则,需从补偿机构购买生态指标或从生态账户中扣减对等的生态指标,以确保在某个地域建设同等生态产品价值的生态补偿项目,由此增加开发者生态成本,实现生态指标动态平衡。德国《国家自然保护法》《联邦建设法典》等规定,官方授权的生态补偿机构可拥有生态指标,开发者需承担生态指标以补偿造成的生态破坏,确保生态平衡。政府发挥监管作用,如登记生态账户、规划景观、验收补偿项目和发放生态指标等,推动提升全社会对生态保护的参与性。第三方机构(含补偿机构)因经营生态账户和出售生态指标而获益,补偿机构将资金用于生态补偿项目,如改善栖息地和景观保护区的生物多样性,农地从集约型管理转变为休养型管理,退农(耕)还林等。

3.1 林业指标

我国许多地区拥有丰富的森林资源,却出现了"富饶的贫困"现象。对于森林资源富集地区来说,将森林资源优势转化为经济优势是非常重要的,但自然资源优势并不会自动转化为经济优势,需要约束性考核指标,如森林覆盖率、地票等,明确各方权责和相应的管控措施,形成指标达标地区和不达标地区之间的交易需求,进而搭建了生态产品直接交易的平台,真正成为绿水青山向金山银山的转化通道。

南方林业产权交易所生态产品(抚州)运营中心

江西省抚州市是全国生态产品价值实现机制试点市之一,2021年7月,南方林业产权交易所生态产品(抚州)运营中心是由南方林业产权交易所、抚州市林业局、抚州市农业发展投资有限公司签订战略合作协议共同组建的具有地区特色的生态产品价值实现平台。运营中心将以细分林种的林权、森林旅游资源为基础交易品种,探索开展林业碳汇、湿地占补平衡指标、绿化增量指标、森林覆盖率指标等林业生态产品交易,并逐步协调引入农用地、水权、排污权等相关行业生态产品,实现生态产品有序流通,努力打通绿水青山与金山银山双向转化通道,探索生态产品价值实现新路子。

---

(1) 森林覆盖率

森林覆盖率是指森林面积占土地总面积的比率,是反映一个国家(或地区)森林资源和林地占有的实际水平的重要指标,一般使用百分比表示。在计算森林覆盖率时，森林面积包括郁闭度0.2以上的乔木林地面积和竹林地面积，以及国家特别规定的灌木林地面积。森林覆盖率是反映森林资源的丰富程度和生态平衡状况的重要指标。

重庆市森林覆盖率

重庆市将森林覆盖率设置为约束性考核类生态指标，明确各方权责和相应的管控措施，形成了森林覆盖率达标地区和不达标地区之间的交易需求，搭建起交易平台，打通了绿水青山向金山银山的转化通道，促成生态指标的交易，将地票的复垦类型从耕地拓宽到林地、草地等，拓展了地票的生态功能，建立市场化"退建还耕还林还草"机制，延伸了生态指标交易的内涵。

（2）林票

作为一种股权凭证，林票让国有林企与村集体共同出资经营集体林场，林农可以认购，相当于将集体股份分配到村民个人身上，赋予林农利用林票交易、质押、兑现的收益权。林票是一种将生态产品价值变现的红利。

三明林票

福建省三明市高桥镇新坡村某林农，以112亩采伐林地的经营权入股，与国有林场合作开展专业化联营，林场负责全程管理，林木成熟采伐后，林农可以坐等分红。"同样一亩林子，单家独户经营顶多有6～8立方米的产出，林场经营的出材量可以提高好几倍！"

"分山到户、均林到人"的集体林权制度改革，盘活并集约利用了森林资源。2021年，三明全市林业总产值达1210亿元，带动农村居民人均可支配收入增长10.7%，其中人均涉林纯收入占可支配收入三成以上，真正实现了"山定权、树定根、人定心"。

内蒙古森工集团林票交易

内蒙古森工集团借鉴效仿重庆市等省份的成功案例经验,通过设置森林覆盖率这一约束性考核指标,建立基于占补平衡的林票交易制度。通过政府构建的交易平台以市场竞价方式将林票有偿转让给林地占用方,占用方获得足够数量的林票后,即可购买相应数量土地的使用权进行开发经营。林票供给方通过交易林票获得的收益,进行造林和生态修复活动。

(3) 林业碳汇交易

林业碳汇是指利用森林的储碳功能,通过造林、再造林和森林管理,减少毁林等活动,吸收和固定大气中的二氧化碳。林业碳汇交易是绿化实施单位通过实施造林和森林管理等活动,测定可吸收的二氧化碳总量,经过严格审核认定后,在指定交易场所挂牌出售,碳排放单位通过购买二氧化碳量来抵消其工业碳排放的过程。

目前中国与发达国家合作,已经开展了众多基于CDM的碳减排合同。中国和意大利合作开展的位于内蒙古的治沙项目,已经启动实施,碳汇交易项目作为项目重点给予了充分关注。与世界银行生物碳基金合作,在广西开展的造林碳汇交易试点也已经付诸行动。保护国际和美国自然协会等非政府组织也积极投入中国的林业碳汇项目实施,如与四川、云南合作开展的植被恢复和生物多样性保护等项目已经被列入林业碳汇的示范项目中。除此之外,中国与日本合作开展的防沙治沙林业正在谋求与CDM项目相结合。一些私营林企出于节约成本和扩大规模的考虑,也在积极谋求CDM项目的投资。

2020年以来7个区域碳市场价格在10~80元/吨之间波动。CCER和北京核证减排量(BCER)林业碳汇项目,截至2020年年底,累计成交30多笔,成交量70多万吨,成交均价为15元/吨,单价高于其余CCER产品。福建碳汇FFCER林业碳汇项目,截至2020年年底,累计成交256.7万吨,成交金额3861.87万元,均价为15元/吨。广东碳普惠林业项目,截至2020年上半年,现场或网上竞价成交10个项目,交易70.3482万吨,成交金额1662.99万元,均价为23.64元/吨;协议转让9个项目,49.5422万吨碳汇指标,单价11~17元/吨。截至2021年9月30日,全国碳排放配额累计成交量1764.89万吨,累计成交额8000

万元,平均价格为 45.37 元/吨,且价格有上升的趋势。

摩尔多瓦碳汇交易机制

摩尔多瓦在已退化的土地和公共农业用地上开展造林及森林恢复活动,产生的碳信用额度由世界银行生物碳基金(Bio Carbon Fund)等国际机构购买。碳汇交易和碳信用额度使生态价值得以实现,碳汇交易收入被进一步用于防止水土流失、减缓土地退化以及恢复濒危野生动物栖息地等方面。

中国广西珠江流域治理再造林项目——世界第一个林业碳汇项目

中国广西珠江流域治理再造林项目是由中国政府和世界银行合作推进的基于 CMD 的林业碳汇项目。该项目于 2006 年成功注册成为世界上第一个得到联合国认证的林业碳汇项目。

该项目的合作双方分别为环江县兴林营林公司与国际复兴开发银行,其中国际复兴开发银行为国际生物碳基金的委托机构。按照项目计划,生物碳基金将分别在珠江流域的环江县和苍梧县分别造林 2000 公顷,项目建设周期为 12 年,预计汇碳 50 万吨。这一汇碳量将在世界银行的协调下,以 200 万美元价格出售给西班牙和意大利,作为《京都议定书》要求两国减排温室气体的一部分。除了 200 万美元的直接收入外,出于项目建设的需要,国际复兴开发银行还要在基础设施、居民技能培训等方面进行投资。

华东林业产权交易所——全国首个林业碳汇交易试点

华东林业产权交易所成立于 2010 年 12 月,是经浙江省政府批准的专门从事涉林产品交易的林业资源交易平台。

2011年11月,10余家企业出于社会公益或者指标储蓄等多种目的,通过华东林业产权交易所这一平台认购了14.8万吨的碳汇额度。华东林业产权交易为参与购买的10家企业颁发了林业碳汇交易凭证作为后林业碳汇交易的依据。上市交易的14.8万吨林业碳汇额度由中国绿色碳汇基金协调,从全国6个碳汇化基地获取。这是中国首起林业碳汇交易案例,也开启了我国国内林业碳汇交易的先河。

广东长隆碳汇造林

全国首个CCER交易项目——广东长隆碳汇造林项目:8.7平方公里林地的5208吨减排量以20元/吨出售。在中国绿色碳汇基金会和广东省林业厅支持下,2011年在河源、梅州等地造林1.3万亩。2014年项目首期签发的5208吨二氧化碳减排量由广东省粤电集团以20元/吨的单价签约购买。

千松坝林场碳汇

千松坝林场碳汇项目:9.6万吨减排量以平均价格37.6元/吨出售。2014年京冀第一单碳汇交易,是河北丰宁满族自治县千松坝林场碳汇造林一期项目产生的9.6万吨二氧化碳减排量,在北京市碳排放权电子交易分别被31家企业购得,平均交易价格37.6元/吨。该项目收益的60%补偿当地农民、林场、牧场;40%用于项目后期维护。

3.2 用地指标交易

用地指标交易是中国土地管理政策中的一个重要组成部分,主要用于控制特定区域在特定期限内的建设用地总规模。这种交易涉及建设用地指标的规模和数量控制,是国家基于宏观考虑的政策,旨在解决人口增长、城市化和工业化带来的耕地资源占用问题。

用地指标的审批通常由省级政府进行管理,省级政府根据本省的土地利用总规划,对所辖范围内的县市进行指标分解,并对一定期限内的建设用地进行总量控制。在总量指标控制下,对县市每年的新增建设用地指标进行计划管理。如果超过总量指标控制,需要其他办法进行指标突破。

(1) 地票

地票是中国特有的土地制度,起源于重庆市,旨在解决城市建设用地紧张和农村建设用地浪费的问题。地票是指农村宅基地及其附属设施用地、乡镇企业用地、农村公共设施和农村公益事业用地等农村集体建设用地,经过复垦并经土地管理部门严格验收后产生的指标。这些指标具有市场运作和法律认可的经济价值。重庆、天津、四川成都市、江苏宿迁市以及浙江、山东等地相继开展了以"地票"为核心的集体建设用地指标交易实践,引起社会各界重视。

地票的运行主要包含四大环节:复垦、验收、交易和使用。复垦环节涉及将闲置土地复垦为耕地,验收则由土地行政主管部门根据相关规定对土地再次流转的资格进行审核,并对土地使用权人发放相应面积的"地票"。交易环节中,农村土地交易所会根据实际情况进行公开拍卖,价高者得。最后,使用环节中,"地票"持有者可以在符合城市规划和土地利用规划的范围内,寻找符合其市场开发需求的地块,并向政府提出征地建议。

地票交易的创新意义在于它是农村土地使用权流转的一次新探索,有利于建立城乡统一的土地市场,并有助于耕地保护。通过地票制度,农村多余的建设用地可以转化为指标,进入土地交易中心进行交易,从而促进土地的集约、高效使用。此外,地票制度还巧妙地绕开了农村宅基地不能用于非农建设的法律问题,实现了远郊农村建设用地与城镇建设用地之间潜在的供需关系。

重庆"地票"交易

重庆农村土地交易所成立后,主要开展农村土地实物交易和指标交易。实物交易主要是指耕地、林地等农用地使用权或承包经营权交易,指标交易被重庆政府创意为"地票"交易。

截至 2022 年年底,重庆市累计交易地票面积达到 36.9 万亩,交易总额为 724.42 亿元。这一制度在促进耕地保护、城乡统筹、区域协调和助农增收等方面发挥了积极作用。地票交易始终坚持"收益归农"原则,交易价款扣除成本后的净收益,由农户与农村集体经济组织按照 85∶15 的比例进行分配。例如,重庆市涪陵区马武镇的农民通过地票交易,一次性获得了 7 万元左右的净收益,并利用这些收益改善了居住条件。

重庆地票制度及其市场化交易机制的建立,不仅优化了城乡用地布局,还盘活了农村闲置资源,拓宽了农民增收渠道,推动了城乡融合发展。同时,该制度还促进了耕地保护,确保了复垦数量和质量,保障了耕地保护红线。

江苏省泗洪县绿票交易——激活生态产品价值转化

2022 年 9 月 7 日,泗洪县两山生态集团生态产品交易中心向江苏某公司发放该县首例"绿票"证。所谓"绿票",是指在泗洪县域范围内因项目建设导致生态环境受到影响,产生未来污染物治理需要,因而从生态产品交易中心购买的具有一定数额的券。这些"绿票"代表生态修复和未来污染物治理所需成本。

泗洪县首单"绿票"交易,根据丛数、亩数、每丛灌木或每亩青苗应补偿的额度、评估系数等计算得出,灌木丛补偿 1000 元、青苗补偿 4980 元。进而计算得出,未来污染物治理成本为 45220 元,故首单"绿票"评估总价为 51200 元,附带"绿票"数额为 51200 枚。

(2) 生态券

生态券通过将生态产品的价值进行实体化和量化,促进生态资源的合理利用和生态保护。

生态券的概念和特征可以从以下几个方面来理解:

① 生态产品产权化。生态券通过明确生态产品的权益关系,解决生态产品确权难的问题。它将生态资源产权与生态产品收益权联系起来,使得生态资源

可以像普通商品一样进入市场交易。

②生态产品票据化。生态券将无形的生态产品价值实体化，构建生态产品交易的标准，使生态产品交易成为一种机制。这是解决生态产品交易难的重要途径。

③生态产品市场化。生态券是生态产品市场化交易的载体。通过政策引导使生态产品具有稀缺性，借助生态券的手段明确生态产品的权益关系，建立生态产品的市场买卖关系。

生态券的实施表现为政府通过政策引导和管控明晰生态产品的产权和收益权，制定区域内生态产品发展目标使之成为市场稀缺的生态商品，并通过精确测算将生态产品票据化、信用化等，最终通过市场交易促进生态产品价值实现。

江苏省江阴市生态券

一张生态券，不仅仅能够盘活土地资源，更将带动起"绿水青山"和"金山银山"的良性互动。在江阴市，占用生态空间开发建设，必须购买生态券。2021年，国家自然资源部批复同意《江阴市自然资源领域生态产品价值实现机制试点实施方案》，标志着江阴市成为全国7个自然资源领域生态产品价值实现机制试点地区之一，同时也是唯一的试点县级市。

2023年，江阴市在敔山湾区域64号云溪谷地块、青阳金桥小学西侧地块完成了生态券试点交易案例，成为"绿水青山就是金山银山"理念的生动实践。其中，首单敔山湾区域64号国有土地出让，交易额为"生态券"73.17"绿元"，价值219.5万元。

此外，为激发全社会参与生态文明建设的热情，探索出了丰富生态券的交易方式，比如将生态券用于银行抵押，或是引入社会资本，将收储的生态券转化为优质的资产包，通过入股等方式进行衍生交易等。

京津冀地区生态券

京津冀地区的案例显示,国土空间规划为核定"生态券"提供了制度基础,生态券交易可弥补因国土空间规划而导致的土地发展权的损失。该地区将生态用地类型确定为林地、草地、湿地与水域四类,并使用区域自然条件、GDP和人口密度校正后计算的"标准林"面积核算该区域"生态券"。

德国生态账户制度

德国生态账户制度以生态积分为交易媒介,在需要补偿措施的土地开发时应从官方授权的补偿机构购买生态积分,从而对各类建设活动损毁的生态系统功能和自然景观价值进行补偿,具体做法包括分级管控、景观规划引导、制定简单易行的生态评价方法等。

（3）增减挂钩指标

城乡建设用地增减挂钩是指依据土地利用总体规划,将若干拟整理复垦为耕地的农村建设用地地块(即拆旧地块)和拟用于城镇建设的地块(即建新地块)等面积共同组成建新拆旧项目区,通过建新拆旧和土地整理复垦等措施,在保证项目区内各类土地面积平衡的基础上,最终实现增加耕地有效面积、提高耕地质量、节约集约利用建设用地、城乡用地布局更合理的目标。也就是,将农村建设用地与城镇建设用地直接挂钩,若农村整理复垦建设用地增加了耕地,城镇可对应增加相应面积建设用地。废弃矿山建设用地复垦为耕地,腾退的用地指标是包含规划建设规模指标、新增计划用地指标和耕地占补平衡指标的"三合一"指标。目前,现有"三合一"的建设用地指标有城乡建设用地增减挂钩指标和工矿废弃地复垦利用指标。

2006年4月,山东、天津、江苏、湖北、四川五省市被国土资源部列为城乡建设用地增减挂钩第一批试点。国土资源部2008年6月颁布了《城乡建设用地增减挂钩管理办法》,2008年、2009年又分别批准了19个省份加入增减挂钩试点,分别是河北、内蒙古、辽宁、吉林、黑龙江、上海、浙江、福建、安徽、江西、河南、广东、广西、湖南、贵州、重庆、云南、陕西、宁夏。

浙江省建设用地复垦指标有偿调剂

浙江省在城乡建设用地增减挂钩节余指标调剂方面实施了一系列政策和措施，旨在优化土地资源配置、促进城乡协调发展。以下是关于浙江省城乡建设用地增减挂钩节余指标调剂的一些关键信息：

节余指标的定义与调剂平台：节余指标是指在保障项目区内拆旧搬迁安置用地、配套设施建设用地、农村发展用地和解决无房户、危房户建房用地的前提下，节余的建设用地复垦面积用于其他城乡建设的建设用地指标。浙江省国土部门建立了省级调剂平台，用于省域范围内跨县域的节余指标调剂，同时，县（市、区）国土部门也可以建立县级调剂平台，用于县域内的节余指标调剂。

节余指标的产生与使用：按照"先复垦、后挂钩"的要求，对建设用地复垦项目进行立项。复垦成耕地的质量原则上不低于周边耕地的质量等级。复垦新增耕地的质量原则上不低于周边耕地的质量等级。复垦项目验收合格后，节余指标可以进行调剂。调剂后的节余指标原则上应在1年内使用报批。

指标调剂价格与程序：节余指标调剂实行市场调剂，并建立最低保护价。县域内节余调剂价格低于最低保护价时，由县级政府按最低保护价予以收购。调剂程序包括调出方提出申请、平台公布信息、调入方报价、确认成交等步骤。

实施期限与政策依据：这些政策和措施自2018年11月16日起执行，主要依据包括《中共中央 国务院关于加强耕地保护和改进占补平衡的意见》和《中共浙江省委 浙江省人民政府关于加强耕地保护和改进占补平衡的实施意见》等文件。

陕西省废弃土地整治项目

陕西地建集团自2010年在陕西渭南、宝鸡、咸阳、西安、铜川等5市14县80乡镇300余村,通过开垦和整理裸地、荒草地、内陆滩涂、废弃采矿用地等土地工程,实施土地整治项目400多个,累计投资23亿元,整治土地16万亩,新增耕地15万亩,有力保障了城市基础设施发展和省内异地重点建设项目用地需求,为"稳增长、保民生、促发展"做出积极贡献。同时,这些土地整治项目平均资金回收期为18~20年,静态投资收益率为4.71%,具有良好的经济收益。土地整治项目不仅增加了耕地,还产生了不少良好的生态环境效益:提高植被覆盖,改善生态环境;保护土地,提高土壤质量;兴修水利设施,防止灾害发生。项目区种植农作物使得原来降水得到利用,减缓了形成径流的流量以及流速,减小了对坡面水土的冲刷,土壤流失大大减小。灌溉网系建设,起到蓄水保土作用,减弱了地表径流量,使洪涝、干旱灾害出现的频率降低,提高了灌溉保证率,为可持续发展创造了良好生态环境。

四川省成都建设用地指标交易

四川省作为先行者,在2016年率先实现了城乡建设用地增减挂钩节余指标省内跨市域流转。这种模式随后在全国主要县域得到推广,通过农村土地集约化,释放出大量的潜在土地供应,有效缓解了城市建设用地不足的困境。2018年,政策进一步升级,允许深度贫困地区节余指标跨省调剂,进一步加速了建设用地指标流动的发展。

此外,四川省自然资源厅印发了《四川省农村集体经营性建设用地入市交易办法》,指导全省依法规范有序实施农村集体经营性建设用地入市,规范交易行为,维护各方合法权益。

(4) 耕地占补平衡

《中华人民共和国土地管理法》规定,国家实行占用耕地补偿制度,非农建设经批准占用耕地要按照"占多少,补多少"的原则,补充数量和质量相当的耕地。这项制度是坚守18亿亩耕地红线的重要举措。2018年,国务院办公厅又下发《跨省域补充耕地国家统筹管理办法》,规定,耕地后备资源严重匮乏的直辖市,由于城市发展和基础设施建设等占用耕地、新开垦耕地不足以补充所占耕地的,以及资源环境条件严重约束、补充耕地能力严重不足的省,由于实施重大建设项目造成补充耕地缺口的,可申请国家统筹补充。补充耕地指标有偿流转的政策,对耕地后备资源充足的落后地区而言,可以通过土地整治增加耕地,获得的补充耕地指标可向省内经济发达地区进行有偿调剂,从而获得补充耕地指标的调剂收益。有些省份比如安徽、湖北、江苏、广西等还出台了细化的具体操作规定。根据这些规定,补充耕地指标的有偿流转通常采用网上公开竞价的方式进行,参与主体主要是各地县(市、区)政府。

河南省的耕地占补平衡实践

河南省在实施耕地占补平衡政策方面取得了显著成效,包括保障耕地数量和质量的稳定、促进节约集约用地、提高用地效益以及推动土地整治和助力乡村振兴。然而,由于河南省正处于新型城镇化和工业化快速发展时期,城乡建设、基础设施建设等各类建设用地需求量仍然巨大,再加上耕地后备资源严重不足,完成补充耕地义务越来越困难,尤其是补充优质耕地、实现"占优补优"更加困难,耕地保护面临着前所未有的压力。

(二)融资渠道

通过融资渠道实现生态产品价值是利用市场机制和金融工具,将生态资源转化为可量化的资产,进而实现其经济价值。这一路径包括内源融资和外源融资两个渠道。内源融资主要指企业自有资金和在生产经营过程中的资金积累部分,外源融资则指企业从外部获取资金的渠道,如专业银行信贷资金、非银行金融机构资金、其他企业资金、民间资金和外资等。通过融资渠道,企业可以将生态资源转化为有价值的资产,通过市场交易实现其经济价值。同时,融资渠道还可以为企业提供资金支持,推动生态产品的开发和市场推广,提升生态产品的市场竞争力。

1. 依托原有银行开发绿色金融

绿色金融通过金融市场和金融工具,将生态资源转化为可量化的资产,并通过金融市场交易实现其经济价值。主要包括绿色债券、绿色信贷、绿色基金、绿色股权投资和绿色信托等形式。

2015年,中共中央、国务院发布了《生态文明体制改革总体方案》,首次提出了建立中国绿色金融体系的总体目标。2016年,中国人民银行等七部门联合发布了《关于构建绿色金融体系的指导意见》,进一步定义和完善了绿色金融和绿色金融体系。2017年,中国人民银行开始每年编写《中国绿色金融发展报告》,全面总结和介绍我国绿色金融发展成就和经验。2020年,党的十九届五中全会再次强调"发展绿色金融"。2021年,中共中央、国务院印发了《关于完整准确全面贯彻新发展理念 做好碳达峰、碳中和工作的意见》,要求积极发展绿色金融,建立健全绿色金融标准体系。这些政策和措施的实施,不仅推动了绿色金融在中国的发展,也为全球绿色金融发展贡献了中国经验和中国方案。

截至2020年第二季度末,中国的绿色信贷规模存量居世界首位,本外币绿色贷款余额达到11.01万亿元,同比增长10.8%,折合年均增长率超过19%。同年,绿色债券存量居世界第二,规模为1.2万亿元。到了2021年,中国的绿色信贷发行规模已居世界首位,本外币绿色贷款余额达到15.9万亿元,同比增长33%。截至2023年三季度末,中国的绿色贷款余额达到28.58万亿元,同比增长36.8%,继续保持全球首位;同期境内绿色债券市场余额为1.98万亿元,居全球第二。2023年,中国境内新增绿色债券479只,同比下降15.67%,新增绿色债券发行规模约8388.70亿元,同比下降14.74%,但截至2023年年底,中国境内绿色债券累计发行规模约为3.62万亿元。

综上所述,中国的绿色金融市场在2020—2023年持续增长,特别是在绿色信贷方面,中国已成为全球最大的绿色信贷市场。同时,绿色债券市场也展现出稳定的增长态势。

1.1 绿色信贷

绿色信贷是指商业银行和政策性银行等金融机构依据国家的产业政策和环境经济政策、将环境保护作为信贷活动的重要依据,实现资金的绿色配置,以促进经济与环境协调发展。绿色信贷的作用机理在于银行业金融机构利用信贷手段加大对绿色经济、低碳经济、循环经济的支持,提高生态产品的融资能力,助力生态产品价值实现。

在绿色经济发展的理念支持下，商业银行出台了各种绿色金融政策，研发了一系列绿色信贷产品，为我国生态产品价值实现提供金融支持。在生态产品价值领域，近年来我国开发了许多信贷产品与信贷模式，如针对生态项目"光电贷""风电贷""水电贷"等产品，并创新收益权抵质押模式；针对古木、名树、各种生态产品的融资贷款；针对产业的绿色产业扶贫贷款、美丽乡村建设贷款、生态旅游贷款；也有针对各种权益、指标的抵质押方式以及未来权益质押贷款。

广东省肇庆市首笔生态公益林补偿收益权质押贷款

2018年4月，广东省肇庆市高要区发放广东省首笔生态公益林补偿收益权质押贷款，贷款由中国人民银行高要支行、高要林业局、邮储银行高要支行共同推出，以贷款人每年公益林补偿金为最终还贷来源。最高发放倍数可以为年度公益补偿款的7倍，贷款期限最长不超过5年。生态公益林补偿收益权质押贷款在实践上破解了公益林补偿收益权质押融资在权属证明、质押登记、价值评估、账户监管方面的问题，满足了发展生态公益林的资金需求。

浙江省嘉兴市嘉善农商银行成功发放首笔"GEP生态价值贷"

2022年11月，嘉善农商银行成功发放了嘉兴市首笔"GEP生态价值贷"500万元，农场主营水果种植、销售、生态农业观光等业务，具有丰厚的生态资源。根据农场核算结果，2021年嘉善常益康家庭农场生态系统价值量为2251.13万元，其中生态物质产品价值量为1127.13万元，调节服务价值量为89.24万元，文化服务价值量为1034.76万元。通过申请"GEP生态价值贷"，农场将生态资产作为企业担保财产，在中国人民银行动产融资统一登记公示系统进行质押登记后，该农场成功获批500万元"GEP生态价值贷"，缓解了眼前的经济压力。

江苏省首笔"水权贷"在江都成功落地

2022年11月江苏省首笔"水权贷"在江都成功落地,该区一家供水企业,近年来持续探索节水设施改造、水质提升等工作。经权威部门评估,该企业许可年取水量1825万立方米,年评估价值为400.47万元,有效期限为5年。凭取水许可证获得了江苏银行发放的500万元取水权质押贷款,并享受3.8%的优惠利率,在节水设施改造、水质提升、管网改造工程中获得了充足的资金支持。

江西省武宁县生态产品价值转化中心

武宁县生态产品价值转化中心将生态资源和生态产品信息全方位整合纳入平台,创建生态资源和生态产品核算计价体系,依托入股、流转、收储、抵押贷款四种平台交易方式,实现了生态资源变生态资产的价值转化。武宁农商银行抓住机遇,深化政银合作,与山水武宁生态产品运营管理有限公司签订战略合作协议,为其授信20亿元,并派相关金融业务员驻地办贷,为生态价值转换提供有力的金融支持。"山水武宁生态产品贷"贷款手续简单方便,农户只要提供相应的生态资源产品,小到后院的竹林田地、大到村集体产业供应链等均可作为资质证明,银行按照"客户自愿申请—生态价值转换中心办入—银行审批放款"的办理流程,向具有生态资源的农户提供"低利率、长期限、适额度的信贷支持"。

湖北省全国首单碳资产质押贷款

2014年9月9日,全国首单国内碳资产质押贷款项目在湖北签约。湖北某集团以自有的213万吨碳排放配额为质押,获得兴业银行武汉分行4000万元贷款。2021年7月16日,兴业银行在全国碳市场启动交易首日即分别与两家全国碳市场重点排放单位落地了两笔全国碳市场配额质押贷款业务。分别由兴业银行哈尔滨分行向黑龙江省某热电联产企业发放2000万元、兴业银行杭州分行向浙江省某环保能源公司发放1000万元。兴业银行综合考虑了当日碳市场交易价格和贷款人自身经营情况等因素,核定碳配额质押额度,完成了碳配额质押的估值、登记、公示、放款等各个流程。

四川省碳足迹贷款

2021年10月22日,兴业银行成都分行向四川某新材料公司发放四川省首笔"碳足迹"挂钩贷款2500万元。该贷款通过将减排量与融资成本相挂钩,既可以满足企业的融资需求,又可以促进企业主动加强生产过程中的"碳管理",实现碳减排目标的同时降低融资成本。同时,贷款企业还可以将减排部分的碳配额在碳交易市场进行交易,获得额外的碳资产收益。

浙江省丽水市发放全国首笔"河道使用经营权"抵押贷款

2020年10月27日,全国首笔"河道使用经营权"抵押贷款在浙江省丽水市青田县发放,该县章村乡吴村股份经济合作社获得了"河道经营权抵押贷款"20万元。2014年以来,丽水市青田县立足河道资源优势,在全国首创实施农村河道所有权、使用权、经营权"三权分置"制度,推动河道经营权确权到户,创新集环境保护、渔业发展、村集体创收的河道开发与管理机制,积极探索GEP向GDP高效转化的新路径。2020年,该县为进一步破解河道析产确权难、融资流转难、长效经营难等瓶颈,以落实农村河道的用益物权、赋予经营主体更多财产权利为出发点,开展农村河道使用经营权抵押贷款试点工作。主要做法如下:一是积极推进河道经营权确权到户,二是明确河道经营权抵押贷款用途、流程,三是试点发放全国首笔抵押贷款。

广东省江门市恩平整村授信

恩平生态产品交易中心联合相关银行指导各银行机构与村级党组织充分合作，以每个行政村为单位，对辖区内所有农户进行信用状况和经济状况评定，以"产业＋整村授信"信用支持模式，实现有合理信贷需求的涉农主体授信"能授尽授"，推进涉农主体发展壮大，推动金融信贷支持生态农业发展。通过"整村授信"，运用支农支小再贷款、再贴现等货币政策工具的支撑作用，大力支持农户及新型农业经营主体发展，进一步推动金融信贷支持生态农业发展。

江苏省盐城市湿地修复蓝色碳汇贷

2022年8月30日，金额达1000万元的全国首笔基于自然的湿地生态修复蓝色碳汇贷在盐城市大丰投放，该笔贷款有效质押品为投放主体远期碳排放收益权，贷款用途为"退渔还湿"后的建川湿地生态修复和高碳汇作物培育。以该湿地修复减碳量的远期收益权为质押，客观评估贷款金额，通过中国人民银行动产融资统一登记公示系统进行质押权利登记和公示后，即可实时投放贷款。

浙江省丽水模式"三贷"

作为我国生态产品价值实现机制首个试点市，丽水模式是金融支持生态产品价值实现的成功探索，创新生态产品贷款，推出"两山贷""茶商E贷""生态富民贷"等。基于生态产品价值转化度量难、抵押难、交易难、变现难的问题，创新设计出了将生态资源或权益用于抵押的生态贷产品。创新了支农又增绿的"两山贷"，相比普通贷款额度更高、利率更低、放贷速度更快。创新了生态区块链贷，应用区块链技术实现当地茶商交易信息去中心化储存和不可篡改。金融机构以交易信息为贷款授信依据，向茶商线上发放信用贷款。

大兴安岭农业银行发放贷款

碳金融的发展可以拓宽机构投资者投资渠道,扩大市场交易规模,为生态产品价值实现提供资金支持。2016年7月,大兴安岭农村商业银行向大兴安岭地区图强林业局发放了首笔额度为1000万元的林业碳汇质押贷款。该笔贷款以林业CCER预购买权、碳期权合同、碳基金等作为贷款质押物,开创了林业碳汇碳金融产品的先河。碳金融产品的运用可以为生态产品价值实现提供更多元的渠道,建议探索各类碳金融产品如碳资产抵质押融资、碳掉期、碳基金、碳金融结构性存款、碳债券等的规模化发展路径,拓宽生态产品价值实现渠道。

江西省抚州市多种经营权贷

抚州市共成立了7家生态金融事业部和6家生态支行,并在资溪县成立了"两山"银行,已推出"古屋贷""畜禽智能洁养贷""信用+"多种经营权贷等20多种绿色信贷产品。2021年,抚州市生态产品类新增贷款总额达192.35亿元。

四川省大凉山创新融资模式

大凉山全力创新融资模式,加强"金融资本+林业生态"融资发展路径拓展,全力做好国家储备林贷款及世界银行贷款生物多样性保护和可持续生态系统建设项目申报,持续加大融资力度,分别在会东、会理、冕宁、木里、越西、宁南、盐源、雷波8县(市)启动了林业政策性金融贷款项目。

> **新疆农产品仓单质押模式**
>
> 出质企业把在库动产（包括原材料、产成品等）存储在物流企业的仓库中，然后凭物流企业开具的货物仓储凭证——仓单向银行申请贷款，银行根据仓单名下货物的价值向出质企业提供贷款，同时，由物流企业监管货物。
>
> 棉花仓单质押贷款打破固定资产抵押等传统信贷模式，引入全国棉花交易市场为第三方监管机构，对企业棉花出入库批次、数量等情况进行实时监测，银行根据企业棉花购销合同中皮棉调入数量及当期棉花价格指数测算企业资金需求额度，以全国棉花交易市场出具的仓单为质押物，对企业提供质押率不超过85%的棉花仓单质押贷款，其中超过70%的部分由企业提供等值担保。
>
> 新疆某集团作为喀什地区规模较大的棉花企业，2022年约定调入皮棉5万吨，根据2022年8月1日中国棉花价格指数1.51万元/吨，测算企业调入皮棉资金需求额度为7.54亿元。在了解到企业资金需求后，中国人民银行喀什支行指导农发行喀什分行立即开展资金测算和评估工作，在银企双方协商下，根据企业实际融资需求拟定通过棉花仓单质押方式向企业提供信贷支持，最终核定向企业投放贷款共计6.2亿元，期限1年，年利率仅为3.7%，有效解决企业燃眉之急，让企业经营更有底气。

1.2 绿色保险

绿色保险又叫生态保险，是在市场经济条件下进行环境风险管理的一项基本手段。其中，由保险公司对污染受害者进行赔偿的环境污染责任保险最具代表性，又称环境污染责任保险，是以企业发生污染事故对第三者造成的损害依法应承担赔偿责任的保险。有效运用这种保险工具，对于促使企业加强环境风险管理，减少污染事故发生，迅速应对污染事故，及时补偿、有效保护受害者权益方面，都可以产生积极的效果。

根据中国保险行业协会发布的《2021中国保险业社会责任报告》，中国人寿、中国人保、中华保险、太保产险、平安产险、太平财险等在内的保险机构在发展环责险、创新绿色保险、助推能源转型等方面取得了重要成果。2021年中国人保为9283家企业提供逾174亿元风险保障。中国人寿提供环境污染事故保险保障31.76亿元。平安产险开发环境责任险、生态损害责任险、渐进污染责任险、草原生态险等险种，2021年承保首批深圳环境污染强制责任保险，并首创根据污染因子数据测算保额的创新定价模式。大地保险成功获得湖州市和宁波市绿色环境污染责任险共保体资格，全年为875个项目提供了约12亿元的环境污染责任风险保障。截至2021年年底，太保产险为全国6000多家企业提供环境污染风险保障，总保额超过96亿元；推行"安环保"模式，将传统保险转换成安责＋环责保障。此外，中华财险、太平财险、阳光财险等也在发展环责险方面取得明显成果。

随着保险业在绿色保险方面开展了积极的探索和尝试，不断扩展和丰富绿色保险的内涵外延。在创新绿色保险方面，太保产险创新推出系列碳保险服务方案，提供全国首笔碳排放配额质押贷款保证保险业务；为海南林木、浙江安吉竹林提供碳汇保险；为东海大桥海上风电项目提供碳资产损失保险；实现野生动物责任险云南全省覆盖。国寿财险在全国首创开办林业碳汇指数保险。平安产险创新推出森林碳汇遥感指数保险产品。中国人保创新发展各类森林保险产品280余个；首创"林业碳汇＋林业保险"的绿色金融新模式。人保财险在青岛落地全国首个"减碳保"建筑节能责任保险。

美国环境责任险走在世界前列

1970年美国针对水污染颁布《清洁水法》，规定进入美国境内的船都需要购买绿色责任保险。1988年美国成立了专门的环境保护保险公司，之后制定了完善的环境责任保险制度、明确了被保险人的污染公共环境行为及自有土地污染的责任，对有毒有害物质的处理实施强制保险，且政府还给重视环境污染责任的企业提供优惠的税率。

森林生态险

森林生态险，也称为森林综合保险，是一种旨在保护森林资源免受自然灾害和人为破坏影响的风险管理工具。到2021年，森林综合保险承担的保险责任包括多种自然灾害和人为破坏情况,例如森林火灾、林业有害生物、雨灾、风灾、水灾等。这些保险责任覆盖了森林资源可能面临的多种风险,从而为森林资源提供了全面的保护。

根据2021年财政支农政策,森林综合保险的保费和保额也有明确规定。例如,每亩保费为1.5元,每亩保险金额不低于680元,具体金额则根据各地的中标结果而定。对于商品林和生态公益林,各级政府提供不同程度的财政补贴,以降低林权所有者的保费负担。

农产品保险

农产品保险除了传统意义的价格指数保险,保险业要不断拓展新的仓单质押合格质押品种,落实农产品质量保证保险承保各个环节,把农产品加工、检测等费用纳入"保险+服务"的延伸创新中来,进一步提高支农融资对保费的直接转化带动率,提升创新项目对保险主业的贡献度。"保险+期货"的运作模式是通过保险公司与期货公司的合作,将农户的价格波动风险,分散到期货市场中。保险公司基于期货市场上相应的农产品期货价格,开发农产品价格保险产品,提供给农户购买。农民或农业企业通过支付保费购买保险公司的农产品价格保险产品,倘若遇到商品价格下跌风险,保险公司将赔付差价确保农户收益;保险公司便通过购买期货公司风险管理子公司提供的场外看跌期权产品,将市场的价格风险分散到市场中去,来对冲赔付风险;期货公司风险管理子公司利用其专业操作优势在期货市场转移和化解市场价格风险,最终形成风险分散、各方受益的闭环。

水质指数保险

人保财险三明市分公司顺势而为创新推出"水质指数保险",以水质恶化导致水质下降作为触发保险责任机制。人保财险永泰支公司推出了"永泰县大樟溪流域水资源环境质量保险",承担因地表水断面质量(水质)超标时,采取必要的措施而产生的应急处置费用的赔偿责任,确保政府相关部门在环境污染事件发生后能及时获取资金补偿和环境恢复空间。

全国首单红树林蓝碳生态保护保险

全国首单红树林蓝碳生态保护保险在福建宁德福鼎市试点落地,将为福鼎全市红树林保护区提供1875万元损失风险保障。红树林蓝碳生态保护保险将投保地理区域内的红树林资源面积、种类进行划分,对其生长过程中面临的物种入侵和特有病虫害进行研究分析,保险责任除了一般性的自然灾害与意外事故以外,还包括了三叶鱼藤、互花米草等有害物种入侵及团水虱、藤壶等红树林保护区病虫害。此单为福鼎市全市3750亩红树林提供1875万元风险保障。赔款不仅可用于救治、修复保险标的,也可用于改善红树林蓝碳生态环境而投入的必要、合理的施救有关费用支出。出险后,保险公司会借助无人机监测损失情况,与主管部门联合查勘,在灾后第一时间将赔款支付到位,为灾后减损、红树林蓝碳生态修复争取宝贵时间。

湿地碳汇保险

2022年4月7日,中国太保产险宁波分公司在宁波市生态环境局、宁波市地方金融监督管理局、宁波银保监局以及瑞士再保险的支持下,发挥险企担当,先行先试,对湿地碳汇生态价值保险进行研发,并结合杭州湾湿地运营实际,联合农业银行杭州湾支行以湿地碳汇生态价值为依据,增加对湿地建设管理公司授信,实现了湿地碳汇价值的金融支持功能,也为杭州湾新区的新企业引进确保"碳平衡"目标探索了新路径。

据悉,该项目解决了湿地碳汇价值的初步确认,填补了国内湿地碳汇价值保险的空白。湿地碳汇保险是以湿地的碳汇富余价值(包括固碳经济价值和修复成本)为补偿依据,保障湿地因台风、干旱等自然灾害原因导致湿地受损,进而导致湿地碳汇量减少的碳汇保险。其赔款可用于对灾后湿地碳汇资源救助和碳源清除、湿地资源培育及加强生态保护修复等与湿地碳汇富余价值生产活动有关的费用支出。项目委托第三方专业机构,参考国内外湿地碳汇方法学和最新研究成果,对湿地碳汇价值和修复成本进行核定,研发了全国首个湿地碳汇生态价值保险,将极大地提高湿地灾后救助、修复能力和效率。

福建省东山县为珊瑚自然保护区投保

东山珊瑚自然保护区位于我省东南部近海,总面积达3680公顷,其中8种造礁石珊瑚列入世界濒危保护物种。根据保险协议,保险公司将对鸡心屿片区612公顷海域内的珊瑚礁群落开展保险服务,保险期限三年,每年保险费2万元。协议明确,在保险期内,承保区域内海域发生事故造成海域生态破坏或环境污染,保险公司将先行垫付应急救援、生态修复而产生的相关费用,避免对海底珊瑚礁的损害进一步扩大。

以往法院在审理破坏珊瑚礁案件时,会邀请高校、海洋环保部门相关专家和机构对损失进行鉴定,但在审判过程中鉴定费用的"归属"常常出现争议,造成案件久拖不决,直接导致被破坏的海底珊瑚礁迟迟得不到有效修复。引入保险机制,可以第一时间由保险公司垫付珊瑚礁损害鉴定、修复费用,确保案件审判与生态修复同步推进。

> **海洋环境责任强制险**
>
> 我国对于海洋石油勘探与开发的企业、事业单位和作业者,已经实行环境责任强制保险。这一政策最早于1991年在大连开始实施,随后沈阳、长春、吉林等城市也相继开展。海洋环境责任强制险的实施,旨在保障海洋环境的保护,防止和减轻由于海洋石油勘探与开发活动可能对海洋环境造成的损害,从而实现海洋资源的可持续利用和海洋环境的保护。

1.3 绿色基金

绿色基金是基于社会责任投资准则下的金融产品,社会责任投资是在投资决策中不仅考虑企业的财务状况等经济效益,还考虑社会环境、企业道德以及公共利益等社会责任的一种投资方法。绿色基金专门针对节能减排战略、低碳经济发展、环境优化改造项目而建立,旨在通过资本投入促进节能减排事业发展。

美国是社会责任投资发展最早的国家,20世纪70年代开始声势浩大的环保运动。在此背景下,1982年,世界上第一只将环保指标纳入评估范围内的绿色基金在美国诞生。此后,英国、荷兰、比利时、日本等发达国家相继发行绿色投资基金。在欧美发达国家,证券体系中机构的活跃度较强,绿色基金的发行主体主要以证券机构投资者为主;而在日本,因环保意识深入人心,企业主动关注环保事业,使得绿色基金的发行主体以企业为主。

我国绿色基金主要是指绿色产业基金,即针对节能减排战略,致力于低碳经济发展、环境优化改造项目而建立的专项投资基金。根据发起设立方式,我国绿色产业基金主要有四类:政府发起的绿色引导基金、PPP绿色项目基金、产业企业(大型企业集团)发起的绿色产业发展基金、金融机构或私人发起的绿色PE/VC基金等。在地方层面,内蒙古、山西、河北、山东、四川等十几个地方已设立50多个由地方政府支持的绿色发展基金,并吸引社会资本成立绿色产业发展的子基金,投向绿色交通、清洁能源、循环经济、污染防治等绿色发展领域。

有赖于国家政策的引导和地方的支持,我国绿色产业发展基金自2014年以来持续快速增长。根据中国证券投资基金业协会资料,2014年,已设立并备案的股权基金中,以绿色相关行业为主要投向的基金数量仅25只,截至2021年5月,绿色股权基金增至712只,基金规模约2000亿元。绿色主题基金的最新规模较三年前大幅增长超170%。截至2023年二季度末,碳中和主题基金、ESG(Enriromenal,Social,Governance)主题基金、低碳主题基金、绿色主题基金的合计规模为823.85亿元,较2022年同期的721.4亿元增长14.2%。

哥斯达黎加生态补偿基金

哥斯达黎加专门成立了负责生态补偿的机构——国家森林基金,以环境服务许可方式购买水源涵养、生态固碳、生物多样性、生态旅游等方面的生态产品,成功建立起生态补偿的市场机制。同时,通过《森林法》《公共服务监督法》《生物多样性法》等立法,确定生态补偿机制,明确将国家税收、生态环境使用付费、国际组织贷款和捐赠等作为生态补偿基金资金来源,按照森林生态服务价值的大小等确定多样化的补偿标准,对于开展的造林、森林保护、森林管理等相关活动,通过国家森林基金给予补偿,较好地实现了森林开发和保护。

基多水基金项目

基多水基金项目(Fund for Water Protection)是TNC开展的第一个水基金实地项目,也是拉丁美洲第一个水基金。这是一个预期80年的信托基金,这个基金联合了民众、政府、自来水公司、企业和国际组织建立联合投资机制使投资资本化。

该基金通过监控耗水活动、识别重点流域保护区块、与当地农户合作改善当地的畜牧业生产模式、在水源和流域地区重新造林以及保护周边环境的生物多样性等活动来实现水源的保护。通过长期运营,基多水基金每年将约800 000美元创收重新投入流域保护项目,以保证基多的饮用水清洁,其中近90%资金来自用水方,即基多城市公共饮用水和卫生设施公司。

> 基多水公司每年捐赠其2%的年度预算支持基多水基金的水源保护项目和活动，实现了基金的可持续运营和生态服务的使用者付费。10年间基多水基金累计保护面积500 000公顷的流域，让30 500名儿童接受了环境教育，重新造林2033公顷，植树超过200万棵，创造了新的就业机会，乡村流域超过200个家庭参加社区发展项目。这个成功的运行模式也被其他国家和地区的水基金项目所采纳并效仿。

肯尼亚首都内罗毕水基金

> 肯尼亚首都内罗毕95%的日常用水来源于塔纳河。为解决塔纳河流域的水土流失和供水不稳定的问题，并确保治理措施真正落地实施，大自然保护协会联合众多方利益相关方，如县政府、水资源管理局、森林服务部门、区域理事会、内罗毕水务公司以及多家企业于2015年3月成立了上塔纳-内罗毕水基金（Upper Tana-Nairobi Water Fund，UTNWF）。UTNWF水基金是一个公私合作制实体进行运作的慈善信托基金，它利用下游水厂和水用户的资金，来补偿和保护上游水源地的生态系统及其服务功能，以保障下游内罗毕的水量和水质。通过科学规划，UTNWF在塔纳河流域采取了一系列的生态系统修复和可持续农业管理措施，包括植树造林、修复河岸带、改变当地农民的耕作方式、推广集雨池、推广滴灌技术等。这些措施可大大改善塔纳河的健康状况，为内罗毕提供更可靠的供水：泥沙沉积导致的输水中断将可减少30%，旱季流量增加15%，流域内的50多万人的饮用水水质也将得到改善。基金带来的收益有上游农户农产量提升、水处理成本降低、水量增加以及沉积物减少带来的水电产量提升等。根据该基金的效益分析，基于30年的时间范围，1000万美元的投资将带来2150万美元的经济回报，并将在项目实施的第10年开始盈利，在第20年达到自负盈亏的目标。考虑贴现率后，30年的总净收益为590万美元。水基金将帮助流域的2.1万个小型农户，产生10万个直接受益者，同时将会影响流域内的530万居民。

国家绿色发展基金助力长江生态产品价值实现

2020年7月,财政部、生态环境部和上海市共同发起设立了国家绿色发展基金,长江经济带沿线11个省市、金融机构和大型企业均参与出资,首期投资规模885亿元,主要投向长江经济带沿线11个省市环境保护和污染防治、生态修复和国土空间绿化、能源资源节约利用、绿色交通、清洁能源等绿色发展领域。

浙江省杭州龙坞善水基金

2014年,大自然保护协会(TNC)与阿里巴巴公益金会、万向信托在杭州市余杭区青山村共同创立中国第一个水基金——龙坞善水基金,集中托管2000多亩水库集水区的竹林,村民通过每年收取租金,年收益提高了20%。

贵州省赤水河流域信托基金

赤水河作为三峡库区上游重要的生态屏障,位于云、贵、川三省接壤地区,是长江上游珍稀特有鱼类国家级自然保护区的重要组成部分,也是国酒茅台和其他贵州白酒的重要生产基地。

为了彻底改善赤水河流域环境,协调上下游地区经济发展,确保下游产业能够获得清洁的水资源,赤水河流域采取了市场化生态补偿模式。全球环境基金(GEF)开展了"赤水河流域生态补偿与全球重要生物多样性保护示范"项目,该项目推动私营部门和社会力量出资参与环境和生态保护,将流域服务付费制度化,使其成为流域生物多样性保护机制,同时改善当地农民的生计。

根据"受益者补偿"的原则,赤水河流域生态补偿的主体包括政府、酒企、社会组织。首先,政府作为补偿主体,赤水河流域范围内的云南、贵州、四川三省已建立了跨省的流域生态补偿机制。2018年2月,云南、贵州、四川三省签署了《赤水河流域横向生态补偿协议》,每省按1∶5∶4的出资比例,拿出2亿元,按3∶4∶3的比例分配给三省,用于该流域的生态环境治理。根据协议,三省将依据各段补偿权重及考核断面水质的达标情况,分段清算生态补偿资金。例如,若赤水河清水铺的断面水质部分达标或完全未达标,云南省扣减相应资金拨付给贵州省和四川省,两省分配比例均为50%;若鲢鱼溪的断面部分达标或完全未达标,贵州省扣减相应资金拨付给四川省;茅台镇上游新增的断面水质考核部分达标或完全未达标,贵州省和四川省各承担50%的资金扣减任务。此外,政府利用政策优势,发展地方经济,通过制定优惠政策来扶持赤水河覆盖区域的环保企业和其他产业,引进资金,壮大当地经济,提高自身补偿能力。

其次,企业作为流域生态服务的主要使用者,在构建流域生态补偿机制中扮演着重要角色。赤水河沿岸分布了茅台、郎酒、习酒、泸州老窖等上千家酒厂,占据中国名酒榜单超过60%的份额。这些酒企均取水于赤水河,酒企从事的生产经营活动十分依赖当地水环境。从2014年起,仅茅台集团就连续10年累计出资5亿元作为赤水河流域的水污染防治生态补偿资金,用于赤水河保护。在赤水河流域的市场化生态补偿的尝试中,企业通过自筹资金和接受社会捐赠的方式筹集资金,建立生态补偿公益专项基金,以直接或间接的方式向赤水河流域的当地社区居民提供资金支持,以便于弥补生态保护所带来的损失,转变土地利用类型,从而恢复流域生态建设能力,恢复和改善生态系统的功能。企业通过建立赤水河流域的生态补偿专项基金账户,可为企业抵扣相应的税款,增强企业参与的积极性。

最后,赤水河流域还探索了信托基金的方式,鼓励农户将土地经营权以财产权信托方式入股(时限1~3年),利用生态补偿专项基金向农户支付补偿金,作为农户固定收入。信托公司将加入公司的土地进行集约化经营管理,转变土地利用方式,使用绿色无公害的种植方式,降低农药、化肥施用量,使农村土地管理实现可持续发展,以保障赤水河流域的生态健康。而下游受益企业则通过第三方向水基金信托投入资金或者通过出售生态产品等方式来筹集资金,筹集后的资金在扣除支付农户抵押保证金和日常运行维护费用之后,40%作为分红资金,并按酒企入股份额进行分红,以提高酒企的参与积极性。

1.4 绿色担保

绿色担保是指在绿色金融领域中,担保机构对资金需求方的绿色信用进行评估,识别绿色资产,并跟踪绿色金融资金的使用情况,监督绿色项目建设,监测项目的实际环境效益,确保绿色金融得到有效实施的一种金融担保服务。绿色担保在绿色金融体系中扮演着重要角色,特别是在推动绿色项目融资和促进生态文明建设中发挥着关键作用。

2016年8月31日,中国人民银行等七部门联合发布《关于构建绿色金融体系的指导意见》,明确要求:"鼓励和支持有条件的地方通过专业化绿色担保机制、设立绿色发展基金等手段撬动更多的社会资本投资于绿色产业。"绿色金融具有环境外部性、期限错配、信息不对称、分析能力不足等特征和挑战。担保则具有保证绿色责任履行、信用增级、减少信息不对称、风险管理、降低市场交易成本的功能。通过专业化的绿色金融担保服务,可以调整金融机构对环境风险的认知,深化对与环境因素相关的金融风险的理解,完善定价机制,调整和不断健全环境外部性内部化的机制体系,满足产业、能源和交通等主要绿色领域的投资需求,运用市场化手段,有效缓解绿色金融面临的环境外部性、期限错配、信息不对称、分析能力不足等问题。

近年来,随着绿色金融的不断发展,越来越多的融资担保公司开始加入这一领域。例如,江苏省信用再担保集团有限公司与江苏省财政厅、江苏省生态环境厅等合作,推出了环保产业综合金融服务模式,成功发放了省内首笔"环保担"贷款。龙岩市龙盛融资担保有限责任公司也根据企业碳减排的具体情况,为企业量身定制了碳排放权质押融资担保新模式。北京首创融资担保有限公司则与北京银行合作,成功落地了北京市首笔CCER(国家核证自愿减排量)质押贷款业务。

福建省顺昌县为林农林权抵押贷款提供担保

福建省顺昌县为林农林权抵押贷款提供担保的机制是通过其创新的"森林生态银行"模式实现的。这一模式旨在解决林权分散、森林资源难以聚合、资源资产难以变现以及社会化资本难以引进等问题。顺昌县通过建立"森林生态银行",借鉴商业银行的运营模式,集中收储和整合零散的森林资源,将其转换成优质的"资产包",并引入社会资本和专业运营商进行管理。

在这个模式下,顺昌县国有林场与南平市某担保公司共同成立了顺昌县绿昌林业融资担保公司,为有融资需求的林业企业、集体或林农提供林权抵押担保服务。通过这种方式,贷款利率比一般项目下降近50%,有效解决了森林资源流转和收储过程中的资金需求。

天津市绿色信贷

天津市中小企业信用融资担保中心积极做好绿色担保结构转型工作,建立绿色担保服务体系,推动银行业金融机构绿色信贷升级,树立绿色发展理念,扎实推进绿色制造工程。2021年度累计为76户绿色产业相关企业提供融资担保服务金额共计2.34亿元。

1.5 绿色债券

绿色债券是一种特殊类型的债券,其特点是将募集到的资金专门用于资助符合规定条件的绿色项目或为这些项目进行再融资。这些项目通常旨在促进环境可持续发展,包括减缓气候变化、遏制自然资源枯竭、生物多样性保护、污染治理等关键领域。绿色债券与普通债券的主要区别在于其资金用途、绿色项目的评估与选择程序、募集资金的跟踪管理,以及要求出具相关年度报告等方面。

为了确保绿色债券的"绿色"特性,发行人通常需要进行第三方认证,即"第二意见",以增强绿色债券信息披露的透明性,吸引更多投资者。此外,绿色债券的发行条件、监管机构以及信息披露要求因债券品种的不同而有所区别。例如,绿色金融债和绿色债务融资工具要求募集资金100%投入绿色项目,而绿色企业债和绿色公司债允许部分募集资金用于和绿色项目无关的补流还贷。

国内绿色债券萌芽于2014年。2014年5月,中广核风电有限公司发行10亿元附加碳收益中期票据"14核风电MTN001",是国内首单与节能减排紧密相关的绿色债券。2015年7月,新疆金风科技股份有限公司在香港联交所发行3亿元绿色债券,是我国首单由中资企业发行的海外绿色债券。2015年10月,中国农业银行在伦敦证券交易所发行以人民币和美元计价等值10亿美元双币种绿色债券,是我国首单中资银行境外发行的绿色金融债。2021年上半年,绿色债券发行量超过2500亿元,发行只数达到271只,超过了2020年全年的水平。

在中国,绿色债券市场近年来呈现显著增长。例如,2022年,中国境内共计发行"投向绿"债券1.76万亿元,同比增长32.8%;发行贴标绿色债券8880.52亿元,占"投向绿"债券发行规模的50.32%。这些债券主要投向清洁能源产业和基础设施绿色升级领域,如风电、光伏发电、水力发电、生物质能源利用等新能源发电项目,以及绿色交通、污水处理、能效升级类项目。这些投资对于促进低碳经济和实现"双碳"目标起到了重要作用。

"长江流域生态系统保护和修复"专题"债券通"

国家开发银行于2022年7月27日在全国银行间债券市场面向全球投资人成功发行120亿元"长江流域生态系统保护和修复"专题"债券通"绿色金融债券,所募资金将主要用于支持水污染治理、农业农村环境综合治理、水资源节约等绿色产业项目。该专题债券发行期限为3年,票面利率为2.15%,投资者认购踊跃,认购倍数达3.95倍。募投项目建成后,预计可实现年减排二氧化碳39.4万吨,节约标准煤16.88万吨。

> **国家开发银行发行"碳中和"专题绿色金融债券**
>
> 2021年3月18日,国家开发银行发行"碳中和"专题绿色金融债券200亿元,以实际行动积极服务国家兑现碳中和承诺。该债券是我国首单经国际国内双认证的"碳中和"债券,也是全球迄今为止发行金额最大的专项用于助力实现"双碳"目标的债券,所募资金用于风电、光伏等显著碳减排项目,有效推动电力系统脱碳,实现能源系统跃迁。

> **浦发银行成功发行境内首单绿色金融债券**
>
> 浦发银行在2016年成功发行了境内首单绿色金融债券,合计350亿元,成为国内绿色金融债券发行规模的首位。这些债券的资金主要用于清洁能源、节能、污染防治、资源节约与循环利用、生态保护和适应气候变化、清洁交通等六大类绿色产业项目。浦发银行在绿色金融债券的发行过程中强调了专一用途、专门管理、专项披露和专业化流程的重要性,以确保资金的专款专用和绿色债券的有效运作。

1.6 绿色股票

绿色股票是一种新型可持续金融产品,它聚焦于节能减排与低碳转型主题。它为全球投资者提供了新的资产类别,与ESG投资相比,绿色股票的评估方法更为客观透明,价值判断更为明确。在全球"碳中和"的大趋势下,绿色股票有望成为与绿色债券并驾齐驱的核心绿色金融资产之一。

绿色股票的概念最早由瑞典银行和挪威的国际气候研究中心共同开发,并于2020年在欧洲市场推广应用。这些股票的最低要求是超过50%的收入和投资来自绿色活动。与绿色债券不同,绿色股票是对某一家企业的"绿色、低排放和低碳"水平的评价标准,并提供一个权威的"资格认证"。通过反映企业的具体表现,绿色股票能够向投资者传达更加清晰的业务现状评估,提高企业信息透明度。

目前,绿色股票在全球范围内取得了一定的进展,但由于相关的概念和股权评估还未在全球范围内形成统一标准,因此仍然处于初级发展阶段。引进并推广绿色股票的评估标准和融资形式,既能给致力于低碳转型的中国企业提供一种成本更低、期限更长、灵活性更高的融资工具,也能给专注于环境与气候风险治理的ESG投资者提供一种回报更高、可信度更高的绿色金融资产。

纳斯达克在其北欧交易所推出了"绿股贴标"计划

2021年,纳斯达克在其北欧交易所推出了"绿股贴标"计划,至今已有8家上市公司获得了纳斯达克的绿股标签。

菲律宾REIT首笔绿股上市

菲律宾的一家聚焦可再生能源的不动产投资信托公司(REIT),于2021年11月获得了绿股认证,并于2022年2月在菲律宾交易所上市,成为亚洲首笔绿股IPO。

1.7 绿色租赁

融资租赁行业积极响应政策号召,落实绿色发展理念,加大对科技创新、绿色低碳行业的金融支持力度,致力为服务实体经济、推动经济高质量发展发挥积极作用。随着绿色金融政策体系不断完善,金融机构绿色产品日益丰富,我国绿色金融实现快速发展。绿色租赁作为绿色金融市场的重要组成部分之一,近年来也呈现出蓬勃发展势头。融资租赁作为一种新兴金融工具,灵活性是其一大优势。如融资租赁产品可围绕企业全生命周期提供针对性服务,在建设期可提供设备直接租赁服务、建成后可提供售后回租服务、运营期可提供经营性租赁或厂商租赁服务。

在由主体监管向交易主体的不同的市场功能定位和不同的交易行为的监管转型中,应该清楚地界定信贷是基于信用的融资(俗称"右边融资"),而融资租赁、保理、典当是基于真实资产的投资(俗称"左边融资")。买不起,租得起,借不来钱,租得来设备。融资租赁是以融物替代融资。

融资租赁的基础交易结构是三方两个合同,互为前提,同时生效。如加上给金租或商租提供资金的银行,为租金偿还提供担保的第三方担保机构,或厂商为承租人的租金偿还提供的租金回购担保或等额资产置换,即可形成一个五方五合同同时生效的投融资结构金融服务($t+0$同时生效的结构化金融产品)。融资租赁公司作为一个资源配置平台,通过这种交易结构,实现了不同交易主体之间的优势互补,达到经营风险、控制风险、处置风险、互利共赢、服务实体的经营宗旨。

出售回租业务的法律保障是《中华人民共和国物权法》第二十七条。基于《中华人民共和国物权法》三权平等保障的基本原则,是资产所有人设置的一个有条件生效的担保物权,也可视为资产所有人设置的"占有改定",即转让占有使用权的资产投资契约。同样是对一个确定资产权益的投资行为。

银行贷款业务是基于企业信用,以资产抵押为保障(优先受偿)的信用杠杆。门槛高,抵押率低。银行与金租或内外资融资租赁公司合作,可以成为银行信贷资金的配置平台(抵押贷款外包服务平台)。不论会计准则是否将融资租赁方式取得的资产计入承租人的资产负债表,都不能改变融资租赁资产不属于破产的法律属性。合理运用融资租赁资产支持杠杆,既可以有效保障信贷资金的安全,更好地支持环保企业的发展,特别是支持中小企业的发展,又可促进银行由靠存贷差生存发展向理财和资管银行转型。

以金融租赁行业为例,中国银行业协会披露的数据显示,2021年,金融租赁行业新增绿色租赁业务投放1243.40亿元,同比增长81.75%;截至2021年年末,金融租赁行业绿色租赁资产规模达2114.07亿元,同比增长24.57%。

一是实施行业专营,提供专业化金融服务。"双碳"产业涵盖范围广泛、涉及门类众多,融资租赁公司可聚焦一些细分市场进行深耕细作,通过行业专营来形成专业化服务能力。以浙银租赁的实践来看,在绿色租赁方面坚持以清洁能源、传统产业绿色化转型为主线,聚焦户用分布式光伏、海上风电、储能系统等细分新能源市场以及绿色农牧、绿色建筑等传统产业绿色转型产业,组建专业团队系统性开展行业研究、模式设计和业务推进,在此基础上构建基于行业的专业高效服务能力。如与正泰安能合作的业内首单户用分布式光伏经营性租赁项目,基于长期研究形成的行业评判能力,在光伏产业处于低谷周期时为其量身定制经营性租赁方案,先后合作业务规模超过12亿元、期限长达14年,在有效满足其长期限资金需求的同时,还帮助其实现了轻资产运营,同时还为25 000多个农户每年带来2000元的财产性收入。

二是依托厂商租赁,提供供应链金融服务。一方面,通过厂商租赁模式,与清洁能源组件生产商、设备制造商以及绿色转型装备供应商等厂商开展合作,为其下游客户采购设备提供租赁服务,助力核心厂商扩大销售,实现货款快速回笼。另一方面,帮助下游客户提高设备采购能力,实现快速占领新能源市场或加快绿色化转型的目标。如浙银租赁与国内头部商用车生产企业合作,以新能源重卡汽车作为租赁物,帮助厂商开拓新能源车市场,同时也为大量运输业的小微企业和个体提供资金支持,有力践行了绿色普惠金融理念。

三是开展联动合作,提供综合化金融服务。银行信贷、融资租赁、股权投资等金融工具既有差异性,更有互补性,各类工具之间的组合搭配可以达到"1+1>2"的效果。如银行与租赁之间开展银租联动,将银行信贷资金规模大、成本低等优势与融资租赁期限长、可控物和节税等特色有机整合,可以为客户提供更为贴合需求的金融服务;租赁与投资之间的投租联动,可为"双碳"产业提供"投资+租赁"的综合服务。以业内首单生猪养殖投租联动为例,为助推生猪养殖产业向环境友好型的现代牧场转型,浙银租赁与浙江省农业投资发展基金有限公司(简称"农业基金")、浙江华统肉制品股份有限公司(简称"华统股份")合作,以新建养殖场业务为标的,由华统股份和农业基金共同以资本金形式全部出资进行建设,浙银租赁为农业基金远期退出提供可选路径,并受农业基金委托对项目公司的建设和运营提供投后管理、资金监管等居间服务。这一投租联动模式有效整合了金融资源,降低了生猪养殖企业财务费用,实现了"投、租、企"三赢局面,社会效益和经济效益明显。

四是创新服务模式,提供差异化金融服务。随着"双碳"产业的蓬勃发展,特别是一些新产业、新模式、新业态的出现,催生了一系列个性化金融服务需求,需要金融机构通过金融创新进行匹配,如围绕碳交易市场提供配套金融服务、加快探索ESG投资和金融体系、开发"碳足迹"挂钩金融产品等。对于租赁公司来说,除了将ESG、碳足迹等维度纳入风险审查和客户评估体系外,还应转变资金提供者的角色,发挥融资租赁兼具投融资功能的特色,探索开展分成租赁、生物性资产租赁等创新模式,为客户提供更具针对性的金融服务。如在监管部门支持下,浙银租赁以能繁母猪为租赁物,为浙江加华提供3年期融资租赁服务,解决了其合格租赁物和抵押物不足、融资额度和期限不符合实际需求等融资难题,为企业转型升级提供了专业金融服务。

2. 建立生态银行

20世纪70年代联邦德国成立的"生态银行"被认为是全世界绿色金融实践的发端,专门针对难以获得其他银行批准的环境项目提供优惠贷款。20世纪80年代美国便借鉴商业银行零存整取的模式,提出了生态银行的运营模式和生态补偿机制,其中国际上具有代表性的生态银行主要有湿地缓解银行、森林银行(碳汇交易)、土壤银行(土地保护性储备计划)、水银行(水权交易)等。2018年以来福建省南平市依托当地的生态优势,创立了全国首个生态银行模式试点,并取得了经济效益、社会效益和生态效益的统一,为其他自然资源价值转化提供了成功经验。因此,搭建"生态银行"模式是高效利用生态资源,实现生态补偿的重要途径。

生态银行并非真正意义的银行,而是一个生态资源价值实现和转化的平台,通过借鉴银行分散化输入和集中化输出的特征,将零散、碎片化的生态资源通过租赁、转让、合作入股等市场手段集中化收储,进行规模化整治,提升成优质资产包,再引入、委托和授权专业运营商导入绿色产业、对接市场和持续运营,实现生态资源的价值增值和效益变现。

表6 不同层面生态银行异同点

层面	组建难度	经营难度	适用范围
生态服务公司	难度最低	需要配套法律法规、高效的监管体制和盈利模式支持,较难经营	生态产品丰富、修复成本低的区域
生态投资基金	难度适中	有专业化市场化的基金管理团队,经营的可持续性强	生态产业逐步成熟的地区
生态专项	难度大	具有中央支持,受政策影响,可持续性一般	生态产品重要且丰富、修复成本高的区域
政策性\商业性生态银行	难度大	可获得中央财政贴息和减税,可持续性强	生态产品具有较大的市场潜力和优势的区域

"生态银行"的运营对象包括山、水、林、田、湖、土地、农业等生态资源和生态产品以及具有利用价值的文物、古民居、遗迹等文化资源及非物质文化等。生态银行运营的是生态资源的权益,是绿色产业和分散零碎的生态资源资产之间的资源、信息、信用三重中介平台,通过对生态资源的重新配置和优化利用,为资源

资本化搭建起中介平台。生态银行通过搭建一个围绕自然资源进行确权、管理整合、转换提升、市场化交易和可持续运营的平台,来运营管理生态资源的"权"与"益",解决了资源变资产成资本的问题,打通了生态产品交易的三个重要环节,是生态产品价值实现市场化的创新机制。

美国湿地缓解银行

2008年,美国陆军工程兵团和环境保护署联合确立湿地缓解银行补偿机制,负责湿地开发许可证颁发、监督审核及提出异议或否决,构建湿地事务管理体系,负责湿地缓解银行的相关审核与监管。湿地缓解银行通过恢复、保护现有湿地或新建湿地产生湿地信用,信用额度由政府根据生态监测结果核准,利用市场化措施将湿地信用出售给开发者,并从收入中计提资金设立永久性基金或留本基金,实现对生态的永久性保护。开发者选择避免破坏湿地或将湿地损害程度降至最低的方案后,方可购买湿地信用以补偿湿地损失,优先选择同类型湿地进行补偿。为确保湿地实现"零净损失"目标,自1995年起,在补偿湿地建造、恢复完成之前,湿地缓解银行可出售湿地信用,但需缴纳履约保证金,经湿地事务管理机构确认湿地成功补偿后,履约保证金即可返还,以此化解资金短缺难题,吸引投资;由湿地缓解银行和客户缴纳保险费,若未成功补偿,保险费则转入基金,由湿地事务管理部门用于向信用买方补偿湿地;根据可贷出湿地信用,在抵押银行租赁信用,当成功补偿后,租赁信用费用将返还,若未成功补偿,则由抵押银行完成湿地补偿。湿地信用评估方式有按面积比例折算和基于湿地生态功能指标评估两种,不同类型和保护途径产生的湿地信用不同,如按面积折算时,遵循河流湿地高于林地缓冲区湿地、新建湿地高于保护湿地等原则,在弗吉尼亚州的Blackjack项目中,创建或恢复湿地信用的面积比率为1∶1(1信用/英亩),保护湿地信用的面积比率为15∶1(0.067信用/英亩)。

福建南平森林生态银行

2018年，南平市以丰富的森林资源为基础，为解决森林资源分散、碎片化等问题，试点建立"森林生态银行"，主要运营流程可以分为前、中、后端三个部分。前端主要负责厘清产权、准确测算森林资源，通过政府牵头的方式将南平市各个乡、镇、村的森林资源进行确权，明确森林资源的所有者；中端主要由大数据平台、林业资产评估收储中心、资源托管有限公司、林木经营有限公司构成，主要工作是收储分散的森林资源，通过入股、托管、租赁、赎买四种方式将碎片化的森林资源集中，便于形成规模化经营。后端为项目开发端，根据森林资源的特征与地理位置对收储的森林资源进行分类，制作适合于发展林下经济、森林生态旅游、林产品加工等不同用途的资源包并进行项目加工，再推送至市场，进行招商，从而获取技术和资金的支持。除其主体框架外，森林生态银行还包括融资端，主要由林业金融服务公司、风险防控中心构成，主要职能在于金融导入、资本运作，主要为有需要的集体和农户提供担保，帮助他们以更低利息获得生产经营活动需要的贷款。但仍存在许多需要解决的问题，目前生态银行的项目加工处于劣势，缺乏掌握核心技术的人才，项目设计缺乏新意；森林生态银行的发展仍以国家的补助资金为基础，市场化程度不高，缺乏持续发展的动力；在后端与金融服务体系连接不紧密，金融工具和市场资本介入缓慢等。但南平市"森林生态银行"借鉴商业银行分散化输入和集中式输出模式，通过林权赎买、股份合作、林地租赁和林木托管等林权流转方式，对碎片化的生态资源经营权和使用权进行集中收储和规模化的整合优化，转换形成权属清晰、可交易的优质连片生态资产，探索出了一条把生态资源优势转化为经济产业优势的生态产品价值实现路径，完成了我国对"生态银行"的初步探索，为后期与金融服务融合，提高参与者积极性等方面的探索提供案例指导，对未来"生态银行"模式在全国范围内广泛推广具有借鉴意义。

> **江西省抚州市"两山银行"**
>
> 抚州是生态产品价值实现机制试点城市之一,为破解生态产品价值衡量难题,制定《抚州市生态产品与资产核算办法》,为生态产品贴上"价值标签"。
>
> 在金融支持上,建立"两山银行",实质上就是搭建生态资源收储中心、"生态通"运营中心和绿色金融服务中心等平台。生态资源收储中心以赎买、租赁、托管、股权合作、特许经营等方式收储生态资源后,整合为优质资源资产包,交给"生态通"运营中心运营。绿色金融服务中心负责引进资本,为金融支持生态产品价值实现提供方案,以此来实现生态产品的"变现"。

3. 设立引导私人资本投入的基金

生态产品价值实现在融资的过程中,除了从政府及金融机构获得资金支持外,也不能忽略私人资本引入。2005年后,我国政府开始尝试设立创业投资引导基金,即通过扶持商业性创业投资企业的设立与发展,引导社会资金进入创业投资领域,自身不直接从事创业投资,并且不以营利为目的。引导基金的设立避免了政府过分干预市场运作的缺陷,又可以充分发挥财政资金的杠杆效应,以吸引更多的创业资本投向处于种子期及初创期的科技创新企业,解决单纯通过市场配置创业资本的缺陷。

公共资本介入创业投资活动的目的之一是为了增加对早期阶段创新项目的投资,而基于风险/收益的权衡,这一目标通常与利润最大化目标相冲突。因此,为吸引更多私人资本进入创业投资领域,公共资本必须对其进行补偿。

3.1 特许经营

自然资源作为公共资源,将其市场化配置的重要手段就是通过特许经营制度来实现,在避免破坏自然环境的前提下,可以最大限度地利用自然资源,刺激经济的发展。

自然资源特许经营是对自然资源的管理和利用,是通过将自然资源的所有权和经营权分离,为自然资源的市场化提供条件的手段,特许经营作为将私人资本引入公共领域的一种手段,涉及的利益主体众多,主要包括国家、当地政府、保护地管理机构、各层级经营者以及当地居民等,不同的主体在特许经营机制中担任的角色和责任也不尽相同。

通过引入特许经营这一新模式,能够更好地促进地方自然资源利用建设,促进政府职能转变,充分发挥市场配置资源的作用。自然资源特许经营模式在引入社会投资负责项目的投资、建设和运营后,不仅减轻了各地政府投资的资金压力,还使地方政府能够腾出更多的资金和精力投入其他领域的基础设施建设,因此减轻了政府的债券压力。

在世纪之交,国内有不少学者和研究机构曾极力倡导逐步建立中国国家公园管理体制。中国国家公园在实践中崭露头角是2006年8月1日中国首个国家公园普达措国家公园在云南省香格里拉揭牌。随后,云南开始着手建立"云南省国家公园体系"。2008年7月,国家林业局批复云南省可以在条件成熟的自然保护区试点建设国家公园。同年9月,云南省政府批准成立国家公园管理办公室,挂靠在林业厅。随后其他部委(局)也开始关注并参与推动国家公园建设。在国家公园体制运营中就有特许经营的探索。

法国国家公园体制模式

法国国家公园建立了"核心区+加盟区"的模式,强调以政府意志强制实施封闭保护,形成治理体系、绿色发展体系和科学决策咨询机制,通过特许经营推动生态产品价值实现。一是上下左右里外结合的治理模式。公园的保护资金仅10%来自经营收入,其他来源主要有国家农林部门、大学和大区、省政府等拨付款项。在机制上,确立了大区政府、基层政府及公园管委会等构成的董事会治理结构和共同管理规则,董事会是公园管理的决策者,吸纳不同利益相关方作为成员,由国家公务员组成的公园管理局为主要执行者。公园管委会鼓励大区公园内的市镇以加盟区的形式加入,实现互利共治。二是构建完善的绿色发展体系。国家公园精细化行业分类和行为清单,为不同的行业分别出台了相应的"准入规则"和详细的管理标准,使企业生产经营中融入国家公园的保护和环境教育,推动符合标准的农副产品以及包括民宿等在内的第三产业产品统一市场营销。生产经营者可使用国家公园品牌,品牌委员会为加盟企业提供产品标签、宣传册设计、营销网站等宣传工具和宣传服务,还提供专业培训和技术支持,完善产品品牌增值体系,实现增值溢价。

加盟市镇同时遵守相关条文,履行必须的环境保护义务。将公园对周边市镇的态度从防御转变为合作,最大限度地平衡了保护与发展的关系。三是搭建科学决策咨询机制。科学委员会主要对核心区的生态保护等管理事项提出意见,经济、社会、文化委员会主要对加盟区的地区发展问题提出意见,为科学推进国家公园体制奠定了坚实基础(如图11所示)。

图11 法国国家公园体制

"三江源"国家公园特许经营

《三江源国家公园条例(试行)》已于2017年8月1日开始实施,特许经营制度也在立法层面做出规定,"三江源国家公园建立特许经营制度,明确特许经营内容和项目,国家公园管理机构的特许经营收入仅用于生态保护和民生改善。"

从国家公园试点区资源所有权结构可知,三江源试点区总面积为123 100平方千米,国有土地面积比例为100%。在管理机构方面,2016年6月,挂牌组建三江源国家公园管理局,解决了"九龙治水"的问题,实现了对园区的综合性系统管理。在制度方面,在三江源国家公园管理局组织制定的10余个管理办法中,除特许经营外,还包括三江源国家公园科普、生态管护公益岗位、草原生态保护补助奖励政策等实施方案。目前,生态管护岗位机制建设、生态畜牧业合作社等是三江源国家公园在试点建设中开展的较为成功的项目,如青海三江源国家公园试点区通过创新生态管护公益岗位机制,为园区建档立卡贫困户提供就业机会,新设生态管护公益岗位7421个,按1800元每月的标准发放工资,加大培训力度,制定管理规范,进行年终考核,以确保生态管护质量,将生态保护与精准扶贫结合起来,实现自然与社会的可持续发展,完成环保与脱贫的双赢。这些积极的探索,为特许经营机制的探索积累了一批可复制、可推广的经验。

普达措国家公园

云南省迪庆州政府把普达措国家公园视作全州最好的国有旅游资产之一,授权大型国有旅游企业垄断经营景区内的门票、观光车等项目,并以此为平台进行资本运作,获取区域旅游开发与社会经济发展的资金。近年国家公园每年营业性收入约1亿元,其中门票收入5000余万元,门票收入按照企业、州财政、县财政6:2:2的标准分配,其中约2000万元进入地方财政,而各类反哺社区和用于自然保护的款项平均不超过200万元。近年经营企业成功融资20多亿元,按州政府的意图投向了州内旅游交通设施、市政建设、旅游开发项目、农业产业化项目等领域。

3.2 社区共享

探索自然保护和利用新模式、发展以生态产业化和产业生态化为主体的生态经济体系,主要应在探索建立社区共建共享机制上下功夫。以地方本底资源和历史文化传统为基础,在国土空间规划编制、用途管制、自然资源合理开发利用和生态系统修复中,保护原住居民权益,扶持和规范原住居民从事环境友好型经营活动,推行参与式社区规划与管理。结合精准扶贫、美丽乡村建设,塑造传承传统文化、人与自然和谐共生的生产生活形态,全面提升重点生态功能区经济发展质量效益,增强原住居民的获得感、归属感、幸福感。

按照合作与股份的二维划分法,社区共享的利益联结机制大体可分为松散型、半紧密型、紧密型三种类型,三种联结方式的紧密程度逐渐加深,合作关系的稳定性也逐渐增强。

松散型利益联结主要包括买断型和市场交易型联结方式,工商企业与农户(村集体、合作社)没有契约关系,企业根据生产经营需要在市场上随机收购原料,农民在市场上自主卖出产品,双方自由决定交易对象、自主经营,价格随行就市。这种方式主要出现在农业生产经营领域。

半紧密型利益联结主要包括契约型和合同型联结方式,工商企业与农户(村集体、合作社)事先签订农产品收购契约或土地、房屋等要素租用契约,约定双方利益分配关系及相应的权利与义务,这种方式下双方通过让渡部分自主权降低了市场风险。

紧密型利益联结指基于产权关系的联结方式,农户(村集体、合作社)以资金、土地、技术等入股工商企业,或与工商企业联合组建新的企业主体,企业和农户(村集体、合作社)不再是单纯的产品和要素交换关系,二者权责关系受法律和企业章程约束,形成了收益共享、风险共担的利益共同体。一般而言,紧密型利益联结机制应具有股份制与合作制两个基本属性。

随着农村土地制度、集体产权制度改革推进,工商资本涉足农业农村的领域不断拓展,不再局限于农业产业化经营领域,参与农村资产运营、乡村公共产品供给等领域的项目越来越多见,不同领域涉及的利益主体、利益构成、影响范围不尽相同,政府在利益联结机制构建中的作用重点和方式也不尽相同。

依据市场经济理论,市场决定资源配置,政府应重点在市场失灵的领域发挥作用。从工商资本参与乡村振兴的主要经营方向看,农业种养殖、休闲观光等经营方向市场化程度较高,主要涉及企业与农民关系及承包权与经营权的分离问题。在利益分配方面,具体分配关系由双方拥有资源要素的稀缺性、资产投入专用性、人力资本专有性等市场化因素决定。但是由于信息不对称、小农户与企业在谈判地位上的不对等以及农产品市场体系尚不健全,农户一方处于弱势地位,因此政府需要更多介入利益保障机制和利益调节机制建设,帮助农民、村集体对工商资本进行甄别,支持农户建立表达利益诉求的平台,维护农民和村集体的合法利益。需要注意的是,要避免政府合理干预"越界",导致市场行为扭曲。

党的十八大以来,中央高度关注企农利益联结机制问题。习近平总书记2014年在内蒙古调研时曾指出,"要探索一些好办法,建立企业与农牧民利益联结机制,帮助农牧民更多分享产业利润效益,真正同龙头企业等经营主体形成利益共同体。"按照这一指示,政府特别是农业产业化主管部门,在优化龙头企业与农户之间的资源要素流动机制、形成经济共同体和利益共同体方面做了大量的政策引导和试验示范工作。综合来看,现阶段农企利益联结模式主要有以下新类型:

(1) 农业产业化经营领域

① 新型订单模式。主要表现为龙头企业与农民签订"农资供应-生产-购销"合同,农户按照企业提供的农业生产资料和生产方案进行农业生产,企业按照合同约定的农产品价格收购,并常伴有二次返利等奖励措施让农民获得产业增值收益,提高农民生产高质量产品的积极性。

大数据赋能全链升级,助推新型互联网订单农业落户吉林

2018年4月,农村淘宝与吉林政府企业签订协议,首批新型互联网订单农业落户当地,通过大数据赋能和全链路升级,实现消费者和原产地的信息互通,带动特色农业与电商平台的产业链对接,助推"亩产一千美元"计划落地。该项目首期推出2000亩进行订单农业尝试,打造私人订制模式。新的模式将通过提前约定地块、品种、种植方式甚至价格和包装等内容,提前锁定服务和收益。

消费者可以通过两种不同的方式享受到私人订制的稻米。水稻播种前下单,将有专属农户负责选种、育苗、耕种,水稻成熟后进入专属粮仓低温储藏,并在每月中旬把现磨鲜米送上门;消费者也可以在水稻收获前,通过实地考察或网上浏览,选定自己中意的地块和品种,可视化定制的同时还能被邀请"回乡视察"。农村淘宝在吉林当地建设的产地仓,将当地电商的流通成本降低了65%,实现新米上市的同时也提高了当地大米的品牌。

认购式订单农业走俏

广东某农业公司推出了"一分良田"认购项目,市民每个生长季花500元象征性地认种一分地(约66.7平方米),就可当上"农场主",并获得20千克

有机米的收成。以"打造消费者的放心餐桌"为发展目标,为高端消费人群提供寄情于生态的一分良田,种植自己看得见的有机大米。试水网络小微订单农业模式,让市民在网络中体验"订单农业"私人订制服务,吃上放心农产品。

该项目的主要亮点是创新认购新渠道。农业经营者除了与商超、加工企业、龙头企业签订订单协议之外,还可以与用户直接签订订单农业。这就是认购、认养等新型订单农业模式。

"一分良田"认购项目中,公司为认购土地的消费者开通农场视频监控系统,消费者可以通过手机或者电脑全程监控有机水稻生产过程。认购者除了能获得有机大米产品之外,闲暇时间还可以来自己认购的田地进行耕种或体验农趣。

福建南宁推行订单农业,实现企农双赢

南宁某糖业公司根据蔗区的实际情况,在进行充分调研和探讨的基础上,于2015年3月开始在所属糖厂蔗区全面推行新型订单农业,明确原料蔗收购价格,开辟企农共赢的发展新模式。订单农业主要以市场为导向来规划,首先由下属糖厂根据本蔗区甘蔗发展实际情况,提出适合本厂的订单农业思路,再将其汇总到公司本部,而后,公司研究制定出既达到全公司统一,又符合"一厂一策"原则的订单农业措施。订单农业的规划制定方向始终围绕企农共赢的原则,即在维持企业盈亏底线的基础上,出台合理的甘蔗收购价格保底措施,最大限度保障蔗农种蔗收益。

② 股份合作模式。主要表现为农户(或集体)以土地经营权、农机具等入股龙头企业,或先入股农民合作社,合作社再入股或投资兴建龙头企业,农户以股东身份获得收益。从目前情况看,这种模式较好地"扬"了农户土地禀赋优势的"长","避"了农民资本禀赋弱势的"短",为农民创造了更多的收益空间。

福建南平顺昌：以集体林权制改革拓展森林生态产品价值实现路径

2020年，顺昌县元坑镇际下村成立了村级运营平台"际下村股份经济合作联合社"，成为首个与"森林生态银行"开展"一村一平台、一户一股权、一年一分红"合作的村级平台。际下村将2636亩无林地与"森林生态银行"进行股份合作经营，一个轮伐期（30年）保底收益1800元/亩，较以往一次性买断的招标均价增收约600元/亩，保底收益的增收部分即可助力村财年均稳定增收5.27万元。待林木主伐时，际下村还可按三成股份获得超出保底收益以外的主伐分红。此外，村里还将2212亩生态林租赁给"森林生态银行"发展林下经济，种植紫灵芝、三叶青等珍贵中药材；将村里闲置抛荒地流转租赁给"森林生态银行"，用于建设花卉苗木培育基地。

江西：鼓励土地经营权入股发展农业产业化

为进一步推动江西省农村土地制度改革，有效盘活农村土地经营权，加快推进农业产业化经营，促进乡村振兴，江西省出台了《开展土地经营权入股发展农业产业化经营试点工作方案的通知》。

土地经营权入股发展农业产业化经营，是深化农村土地制度改革的一项重要举措。上述《通知》明确，要保护农民的集体土地权益，任何组织和个人不能取代农民家庭的土地承包地位，不能非法剥夺和限制农民的土地承包权；坚持和完善农村土地用途管制制度，不得改变土地集体所有性质和用途，不得降低耕地的基础地力，严禁入股土地"非农化"，禁止非法转让、买卖农村土地，土地经营权入股期限不能超过土地承包剩余期限，切实保护好农民的集体土地权益。

③ 服务带动模式。主要表现为龙头企业通过向特定区域的农户提供各种类型的服务，实现农户增产提质、节本增效和企业的轻资产、高回报运行。这些服务主要包括生产作业服务、技术服务、农资服务等。尤其是不同程度的农业生产托管服务，为广大分散的小农户突破农产品价格下行、农业生产成本上升双重

不利因素的制约,享受土地流转之外实现适度规模经营优势创造了可能。

服务牵头,稷山农业有了现代范儿

稷山县位于山西省西南部,教民耕种的后稷就出生在这里,因此也成为中华农耕文明的重要发祥地之一。全县面积686平方千米,总人口31.6万人,农业人口20.4万人。粮食、板枣、蛋鸡、中药材、葡萄等是该县特色优势农业产业,稷山麻花、稷山饼子、稷山鸡蛋、稷山板枣则被称为"稷山四宝"。

自2021年11月被确定为全国农业社会化服务创新试点县以来,稷山县立足产业特色,紧紧围绕服务模式创建、服务组织构架、服务技术支撑、服务能力提升、服务政策支持5个方面,强力推进了农业社会化服务创新工作,由此,探索了一条农业现代化的稷山办法。

稷山县通过智慧社会化服务平台"牵线搭桥",鼓励有能力的服务组织对小麦、玉米的产前、产中、产后进行全链条托管,通过统一种子、化肥、农药、耕、种、防、收、烘干、收、储、销等托管,亩均降低成本100元以上,亩均粮食产量增加15%以上。

除了全链条托管,实践中该县还摸索建立了菜单式托管和多环节托管等模式。菜单式托管由农户自主选择服务组织和托管环节进行约定托管;多环节托管则在小麦玉米的生产环节为农户提供耕、种、防、收、送5个环节的服务。

据悉,稷山县粮食播种面积71.5万亩,粮食年产量2.66亿千克,现有农资供应、农技指导、农机服务、粮食烘干及销售等各类服务组织1844个,从业人员5200余人,农业生产托管服务面积68.1万余亩,服务农户6.1万余户。

安徽"四聚焦、四服务模式"发展农业生产托管服务

安徽是农业大省,也是国家粮食主产省,2020年全省粮食总产达到803.4亿千克,居全国前列。安徽省委、省政府高度重视农业社会化服务工作,紧紧围绕"谁来种地、怎么种地"的问题,加快农业经营体制机制创新,把发展以服

务小农户为重点的农业生产托管作为保障粮食安全和重要农产品有效供给的切入点、突破口,大力发展多层次、多类型的农业社会化服务。

农业托管助阳春"托"出现代农业新气象

2021年9月,广东省阳春市农业生产托管运营中心成立。运营中心整合当地土地、农资、农机和人才等资源,统一协调和管理;春南、春北2个镇级农业生产托管分中心,主要负责跟进区域内托管服务的组织实施、技术培训、农机调配、质量把关等工作;20个村级农业生产托管服务站面向基层,与服务对象对接,培育的托管员队伍达355人,宣传农业生产托管服务政策,收集辖区内农户的托管服务需求并上报给运营中心。

④ 多层次融合模式。主要表现为多种联结方式并存的混合型模式,兼具各家之所长,对经营主体的内部管控能力、产业链建设水平等要求较高,在大型龙头企业中采用的较多。这种模式常常是一二三产业融合发展的典型,有助于激发新型农业经营主体和农户的发展潜力,在拓宽农民增收渠道的同时,也会催生出更多新产业、新业态、新模式,是完善农企利益联结机制的重要方向。

江苏淮安农业功能拓展融合模式

江苏淮安聚焦发展高附加值、高颜值的现代农业产业,以科技兴农、品牌强农为抓手,促进农业转型升级,推动农业拉长产业链、拓展功能链、提升价值链。

2016年,淮安水稻种植、育秧、仓储和加工、销售等29家企业组建淮安大米产业联盟,统一使用"淮安大米"品牌。目前,全市已建成优质稻米基地270万亩,年产淮安大米76万吨,每年为稻农增收3亿元。此外,还建成高效设施园艺138万亩、特种水产养殖50万亩,"多而杂""小而散"的旧面貌逐渐被"大而长""大而强"的链式发展新格局所取代。

> **宁德东侨开发区：产业＋生态，创新"两业融合"新模式**
>
> 既要发挥龙头企业的推动作用，也要重视深化与配套服务企业协同，探索产业融合的新业态新模式新路径。东侨开发区创新"两业融合"新业态，利用国家级"双创"示范基地、国家工程研究中心、创新实验室、福建工程学院宁德新能源技术研究院等载体，深化研发、生产、流通、消费等环节关联，加快业态模式创新升级，实现制造先进精准、服务丰富优质、流程灵活高效、模式互惠多元，提升全产业链价值，打造创新创业新高地。

（2）农村资产运营领域

农村土地盘活利用、资产开发等领域，涉及政府、企业、村集体、农民等关系，以及所有权、资格权、使用权等分离问题，存在资产价值多变性、主体类型多元性特征，同时具有社会生计特性，存在一定的外部性。市场机制有效配置资源要以完全市场为基础，但目前我国农村产权市场不是一个完全市场，达不到完全竞争条件，相关资源要素流动受到一定限制，短期实现突破难度很大。在这种制度安排下，促进工商资本与农民（村集体）在资产类开发盘活过程中形成稳定合理的利益联结机制，政府需要在分配机制、保障机制和调节机制三个方面着力。

> **从闲置宅基地到"网红"民宿盘活农村闲置资源的宁波象山样本**
>
> 以农村宅基地"三权分置"改革为抓手，宁波市象山县因村制宜、特色发展，创新闲置资源激活利用方式，促进乡村新模式、新业态、新产业发展，打造了一批绿水青山向金山银山转化的成功案例，真正实现"颁发一本证、引一个项目、搞活一个村、富一方百姓"。
>
> 石浦镇沙塘湾村原本是一个纯渔业村，村内90%的房屋处于闲置状态。宅基地"三权分置"改革后，村集体与81户农户签订闲置房屋集中流转协议，先后吸引浙旅投、开元集团、橡树缘等20余家知名旅游企业投资，总投资额达3000万元。目前村内有民宿14家，每晚均价在500～1000元，全年入住率保持在60%左右，旅游旺季一房难求。

上海奉贤盘活农村闲置宅基地初见成效

奉贤区在盘活存量宅基地资源用于创意产业、总部办公、人才公寓等方面进行了颇有成效的创新探索。

一是盘活宅基地用于民宿经营。利用闲置宅基地农房、闲置集体建设用地等资源,依托当地自然景观、生态环境、人文风情及农业生产活动,为游客休闲度假、体验当地风俗文化提供住宿、餐饮、农副产品展销等服务,既保持乡村传统风貌,又体现当地生活特色。农户可结合自身实际选择流转方式,可自行协议流转给民宿经营者,也可以统一流转给村集体经营或对外招商经营。

二是盘活宅基地用于打造"三园一总部"(即一庄园一总部、一公园一总部、一庭园一总部)。将"三园一总部"作为打通绿水青山与金山银山的有效路径,充分挖掘乡村自身禀赋资源优势,借助市场推力,通过引入工商资本和人才,实现产业要素在乡村适度规模化聚集,形成农村庭院总部经济发展模式。金汇镇新强村选择靠近集建区及"东方美谷环金汇全马林荫小道"沿线区域,利用闲置宅基房屋资源,打造若干个"庭院总部"。总部经济带来的税收将"颗粒归仓",区镇所得全部返还给村级集体经济组织,支持村集体经济发展。截至2019年年底,奉贤已落户"三园一总部"项目140个,实现税收2.1亿元。

三是盘活宅基地用于打造乡村人才公寓。充分发挥毗邻工业园区的区位优势,结合美丽庭院创建,通过盘活闲置宅基房屋,打造"乡村人才公寓"。南桥镇统筹江海园区、运营公司、入驻企业、村集体、村民的管理工作,完善配套设施,增加物业服务,鼓励园区组织入驻企业的人才租赁房屋。华严村依托周边产业园区,发挥闲置宅基房屋较多的资源优势,委托运营公司整体打造"星公寓",解决周边企业职工租房需求。

(3)乡村公共产品供给领域

随着排他技术的进步、产权的明晰化、社会需求变化及制度的变迁,部分乡村公共产品由企业来供给是可能的和有效率的。逐步明确的共识是,以往必须由政府提供的公共服务,并非都要由政府部门生产和运作,在许多方面私人部门生产和运营更有效率。农业农村基础设施建设、环境保护、文化建设等领域,企业有一定的参与空间,但由于公共产品供给具有较强的公益性与外部溢出效应,还涉及政府与工商资本的成本补偿问题。此时,利益联结机制建设的核心应是利益调节机制,即以何种方式、多大程度上对工商企业供给乡村公共产品进行合理补偿。

天津滨海新区:城乡供水一体化村民喝上放心水

解决农村饮水问题,让广大农民从"喝上水"转向"喝好水",事关农村群众民生福祉。近年来,天津市滨海新区积极回应农村群众喝上放心水的需求,将农村饮水提质增效作为一项重要的民生工程,充分发挥政府与市场的协同作用,大力推进城乡供水一体化建设,通过工作机制、管理模式、服务方式的改革与创新,打破了城乡二元化供水格局,实现了城乡供水同质,让农村群众喝上了安全水、放心水、幸福水。同时,通过农村水源转换,有效涵养了地下水源,年压减地下水开采774万吨,实现了社会效益和生态效益的同步提升。

赤水桫椤自然保护区社区共建共享

赤水桫椤国家级自然保护区位于贵州省赤水市,是我国唯一以国家濒危保护植物桫椤命名的国家级自然保护区。近年来,政府高度重视保护区的共管工作,将对保护区的工作成效纳入政府绩效管理,重大事项征求保护区意见,建立农民自然生态保护协会,帮助社区解决水、电、路、清洁能源等基础设施建设,共同保护生态家园;通过生物多样性减贫项目,建立以村民为主体的自然生态保护协会,引导村民参与保护区巡护,帮助引导社区农户发展杨梅、金钗石斛、棘胸蛙、蜜蜂等特色种植养殖,探索减贫示范的"桫椤模式"。保护区积极探索与周边社区共建共享模式,打破经济发展与资源保护的困局,提升管护效率,开展科普宣传,有效提升保护区的社会影响力,生物多样性保护取得良好成效。

> **神农架国家公园试点：探索社区共建共享机制生态与民生共赢**
>
> 神农架国家公园实现了探索社区共建共享机制，用国家公园标识制作社区、农户门牌号码，将公园文化融入社区、融入家庭，增强民众保护意识。为纾解保护与发展的矛盾，投入资金3040.51万元，建立生态公益性岗位、薪材替代以电代燃、兽灾商业保险、候鸟迁徙补食补偿、社区产业帮扶、绿色产业项目等生态保护补偿机制、帮扶机制、发展机制。2019年，神农架国家公园体制改革试点成果荣获第二届湖北改革奖。

3.3 合同能源管理

作为一种基于市场的、全新的节能新机制，合同能源管理不仅适应现代企业经营专业化、服务社会化的需要，而且适应建筑节约型社会的潮流。大力发展节能环保产业，广泛开展合同能源管理是"十四五"时期的重要内容。工业绿色发展是生态文明建设的重要内容，也是工业转型升级的必由之路，这为节能服务产业发展带来机遇。加快节能服务产业发展、推行合同能源管理，对我国完成"十四五"节能降耗目标、实现绿色低碳发展具有重要意义，应该获得广泛认知。

合同能源管理是在市场经济条件下的一种节能新机制、商业新模式，是指基于这种机制运作的专业化节能服务公司与用能单位以契约形式约定节能项目和节能目标，节能服务公司为实现节能目标向用能单位提供必要的服务，用能单位以节能效益支付节能服务公司的投入及其合理利润。

20世纪70年代中期以来，合同能源管理模式在市场经济国家中逐步发展起来，成为一个新兴的节能产业，在达到节能减排环境社会效益的同时，双方按照一定比例共同分享节能带来的经济效益。其实质就是，以减少的能源费用来支付节能项目全部成本，允许用户使用未来的节能收益为工厂和设备升级，以及降低目前的运行成本。

通过合同能源管理方式，可解决企业在实施节能项目时遇到的诸如技术和方案选择、项目融资困难和管理风险等问题，形成节能项目的效益保障机制，降低成本和风险，提高能源利用效率，创造互惠共赢，把环保、生态等众多产业的绿色价值变成实际效益。

3.4 公私合营

公私合营(Public Private Partnership,PPP)将公共资源与私营企业的创新和市场机制相结合,共同推动生态产品的开发和市场推广。公私合营模式通过政府与私营企业之间的合作,可以实现资源共享、风险共担、利益共享。这种模式使得生态保护和区域开发能够平衡推进,实现环境、经济和社会的协调发展,从而提升区域的整体价值。具体而言,公私合营在生态产品价值实现中的作用主要体现在以下几个方面:首先,政府提供公共资源,如土地、水域、森林等,私营企业则提供资金、技术和管理经验,共同开发生态产品。其次,公私合营可以实现资源共享,通过政府提供公共资源,私营企业提供资金和技术,共同开发生态产品,实现资源的最大化利用。此外,公私合营还可以实现风险共担,政府和企业共同承担开发过程中的风险,降低单方面的压力。最后,公私合营可以实现利益共享,政府和企业共同分享生态产品开发和市场推广所带来的经济效益,实现双赢。

全国PPP综合信息平台管理库项目年报显示,2017—2019年生态类PPP项目数量稳步增加、增速趋缓。截至2019年年底,管理库中生态建设与环境保护项目累计共924个,占管理库项目总数的9.8%;累计项目投资额为9988亿元,分别占管理库总投资额的6.9%和具有污染防治与绿色低碳效应项目累计投资额的1/3左右。

山东省威海市引入社会资本开展矿坑生态修复及后续产业建设

威海市将生态修复、产业发展与生态产品价值实现"一体规划、一体实施、一体见效",优化调整修复区域国土空间规划,明晰修复区域产权,引入社会主体投资,持续开展矿坑生态修复和后续产业建设,把矿坑废墟转变为生态良好的国家5A级华夏城景区。

> **江西省赣州市引入社会资本统筹推进生态产业**
>
> 赣州市寻乌县在统筹推进山水林田湖草生态保护修复的同时,因地制宜发展生态产业,利用修复后的土地建设工业园区,引入社会资本建设光伏发电站,发展油茶种植、生态旅游、体育健身等产业,逐步实现"变废为园、变荒为电、变沙为油、变景为财"。

(三)"生态+"市场化运营

"生态+"市场化运营的原理在于将生态理念融入市场化运营模式中,通过市场机制和商业模式的创新,实现生态产品的价值最大化。这一路径包括生态农业、生态工业和生态旅游业。"生态+"市场化运营的核心在于将生态产品的生产、流通环节与市场机制相结合,通过价格机制、供求关系和资源配置等市场机制,引导资源向生态友好型产业和产品转移。生态资源是最好的经济发展资源,充分依托当地优势生态资源,在保护的前提下通过生态产业开发把生态资源转化为经济发展的动力是生态产品价值实现的重要途径。

习近平总书记指出,如果能够把生态环境优势转化为生态农业、生态工业、生态旅游等生态经济的优势,那么"绿水青山"也就变成了"金山银山"。随着一般物质产品和服务产品供求的平衡,人们对绿色农产品、工业品和服务产品等绿色产品的需求日益增强。要满足人们对绿色产品的需求,就要不断向下延伸生态产品产业链,培育绿色产业体系,将生态产品转化为绿色产品,增加产品附加值,实现"绿水青山"向"金山银山"的转变。在生态产品转化过程中,政府要发挥引导、规范作用,通过建立生态产品转化的正向激励制度,制定绿色发展政策,发挥正向引导作用,降低绿色发展成本,促进生态优势"转化"为发展优势,推进生态产业化,推动生态农业、生态旅游业、生态工业的发展,实现生态产品转化为绿色农产品、工业产品和服务产品。

1. 生态农业

生态农业是按照生态学原理和经济学原理,运用现代科学技术成果和现代管理手段,以及传统农业的有效经验建立起来的,能获得较高的经济效益、生态效益和社会效益的现代化高效农业。它要求把发展粮食与多种经济作物生产,发展大田种植与林、牧、副、渔业,发展大农业与第二、三产业结合起来,利用传统农业精华和现代科技成果,通过人工设计生态工程协调发展与环境之间、资源利用与保护之间的矛盾,形成生态与经济两个良性循环,实现经济、生态、社会三大效益的统一。

生态农业通过科学合理的农业生产方式,保护生态环境,提高农产品的质量和安全,从而提升生态产品的市场价值和竞争力。生态农业强调对自然环境的保护和可持续利用,通过科学规划和管理,确保农业生产不对生态环境造成破坏;注重农产品的质量和安全,通过采用有机肥料、生物农药等绿色生产方式,减少化肥和农药的使用,提高农产品的品质和安全性;强调农产品的多样性和特色性,通过发展特色农产品,增加农产品的附加值,从而提升产品的经济价值。

德国生态农业

德国生态农业的要求是,不使用化学合成的除虫剂、除草剂,使用有益天敌的或机械的除草方法;不使用易溶的化学肥料,而是有机肥或长效肥;利用腐殖质保持土壤肥力;采用轮作或间作等方式种植;不使用化学合成的植物生长调节剂;控制牧场载畜量;动物饲养采用天然饲料;不使用抗生素;不使用转基因技术。

辽宁省建立多种生态农业模式

辽宁省根据不同作物和不同的生产方式,因地制宜建立了多种生态农业模式。盘锦市采用"稻蟹渔+猪沼泽",通过一水两用、一地多收的形式节约资源,促进生态农业发展。朝阳市以"玉米种植+肉牛养殖+双孢菇栽培+有机肥施用+玉米种植"的方式,将秸秆作物进行收集储藏用于肥料、饲料、燃料等多方面,实现了农副资源的多样化利用。北镇市采用"养殖+有机肥+种植"的方式,坚持可持续发展理念,将原本的废弃物转化利用,把秸秆、粪便等废弃物根据种植作物特点,按比例调配成有机肥,在改善农业环境的同时,实现了资源节约。经过多年的探索与实践,辽宁省无论是在生态农业的推广还是生态农业的技术应用方面都取得了良好的成效。

浙江省德清县生态农业实践探索项目

浙江省德清县在生态农业实践方面取得了显著成就,其典型模式和发展建议被广泛研究和推广。德清县位于浙江省北部,是中国首批全国生态农业建设试点县之一,也是中国重要农业文化遗产"德清淡水珍珠传统养殖与利用系统"所在地。

德清县有着悠久的淡水珍珠养殖历史,其淡水珍珠复合养殖系统传承至今已有800多年历史。这种系统以蚌、鱼畜等物种资源为核心,形成了淡水鱼类立体混养、稻渔、粮桑、综合种养等典型模式,代表了中国淡水渔业复合养殖的典型模式。自20世纪80年代起,德清县开展了一系列生态农业实践探索项目,成为全国现代生态农业实践探索的前沿。

德清县基本实现了生态农业的均衡发展,分布有种植业、林业、畜牧业、渔业(淡水养殖)、休闲农业(洋家乐、休闲渔业)等多种类型,涵盖水网平原地区生态农业的基本类型,并形成以政府为主导,农民、合作社、企业等利益相关方和新型经营主体多方参与的生态农业发展策略。德清县生态农业发展的典型模式可总结为四类:"蚌-鱼-粮-桑-畜"复合系统、稻田生态种养模式、鱼-菜共生模式和休闲农业发展模式。

近年来,中国政府和相关部门积极推动农业品牌建设,以提升农业的市场竞争力和可持续发展能力。政府制订了农业品牌精品培育计划,旨在通过强化基础支撑、突出营销推广、提升服务能力等方式,推动农业品牌市场号召力、竞争力和影响力的提升。该计划重点聚焦现代产业园区,重点培育300个精品农产品区域公用品牌,带动1000个核心企业品牌,3000个优质农产品品牌。农业农村部办公厅开展2023年农业品牌精品培育工作,重点培育32个品类的区域公用品牌,包括粮油、果品、蔬菜、畜禽、水产等。

浙江省丽水山耕

丽水以政府名义注册了全国首个地级市农产品公用品牌"丽水山耕",品牌价值达26.59亿元,不仅扩大了地区绿色农副产品销路,更带动了价值提升,产品溢价率达33%。

2. 生态工业

生态工业或是通过加强生态保护、调整产业结构、发展绿色经济,实施生态修复,实现了从高污染、高能耗的发展模式向生态环境保护和经济社会发展共赢的道路转变,实现经济效益和生态效益的双赢。为了促进生态工业的发展,我国政府采取了一系列政策措施,如提供财政补贴、税收优惠、信贷支持等,同时引导金融机构加大生态环保产业的投入。政府还在推动绿色标准和认证体系的建设,以及开展生态文明教育和宣传活动,提高公众的环保意识和参与度。通过这些努力,我国生态工业正在逐步发展壮大,为经济的高质量发展提供支撑,同时也为全球可持续发展做出贡献。

云南省华坪县生态工业

华坪县通过去"黑"转"绿"的方式,从依赖煤炭的产业向绿色生态产业转型。主要做法包括减少煤炭产能,发展绿色能源,以及推动矿业转型和矿山转绿,从而实现了生态环境的修复和提升。

贵州省生态工业

贵州省在国家生态文明试验区的框架下,实施了多项生态保护和恢复措施,如草海高原喀斯特湖泊生态保护与综合治理规划,以及赤水河、乌江两岸废弃露天矿山的治理,实现了生态环境的显著改善。

辽宁省本溪市生态工业

本溪市作为一个老工业基地城市,通过加强生态保护、调整产业结构、发展绿色经济,实现了从高污染、高能耗的发展模式向生态环境保护和经济社会发展共赢的道路转变。本溪市实施了多项环保措施,如淘汰燃煤锅炉、关闭大型旅游景区、加强企业环保设施建设等,取得了显著的环境改善效果。

浙江省三门县探索建设特色生态产业平台

2021年6月,浙江省出台相关指导意见,支持山区26县特色生态产业平台提升发展。三门县立足产业发展基础、资源禀赋条件,以高端装备、医药健康为主导产业,全力打造三门县特色生态产业平台,挺起生态工业高质量发展"脊梁"。该平台位于三门县域经济主平台——浙江三门经济开发区,占地面积6000亩,截至2023年3月,累计完成固定资产投资104 263万元,已引进元创科技、国药、奥力孚、厦兴科技、高霖科技等一批优质龙头企业,初步形成高端装备、医药健康两大主导产业。三门县特色生态产业平台按照产业集聚、产城融合的规划理念,构建"一核一廊两片区"格局,"一核"即制造业核心区,"一廊"即沿河环山生态廊道,"两片区"即两个配套服务集聚片区。未来,三门县将坚持产城融合、共享共富,围绕产业发展需求,统筹谋划产业、城市、生态功能布局,引进生活居住、生态休闲、公共服务等配套设施,充分吸纳周边群众就近就业,促进生产、生活、生态"三生融合",打造产业"特而精"、功能"聚而合"、形态"小而美"的创业、兴业、就业新平台。

3. 生态旅游

生态旅游通过将生态保护与旅游产业发展相结合,实现生态资源的可持续利用和增值。生态旅游的核心在于尊重和保护自然环境,同时为游客提供独特的自然和文化体验。它强调对自然环境的保护和可持续利用,通过科学规划和管理,确保旅游活动不对生态环境造成破坏;注重游客的参与和教育,通过提供自然观察、文化体验和环境教育等活动,提高游客的环保意识和对自然保护的重视;还强调社区参与和受益,通过与当地社区的紧密合作,促进社区的经济和社会发展,同时确保旅游活动对当地社区产生积极影响。因此,生态旅游通过科学规划、社区参与和教育措施,实现旅游活动与自然环境的和谐共生,为游客提供独特的自然和文化体验,同时保护生态环境和促进社区的发展,从而提升生态产品的价值。

我国多数生态功能区都拥有良好的生态环境和丰富的历史文化资源优势,具有"打响生态旅游品牌"的核心要素。推进生态旅游产品的转化,应当充分发挥生态健康养生、生态旅游休闲等产业对于探寻自然、保护环境等方面的积极作用,推进生态与健康、旅游、文化、休闲的融合发展。深化旅游业改革创新,依托大景区,大力挖掘历史传承、人文题材,把美丽乡村旅游、红色旅游、节庆旅游、运动休闲、养生保健、农家乐、民宿等串点成线、连线成面,配套发展导游、餐饮、购物等服务业,通过生态旅游业实现带动多产业发展。此外,选择生态资源良好的地区,围绕湿地公园、森林公园、自然保护区等生态旅游资源,因地制宜建设一批生态休闲养生福地,积极培育和丰富生态休闲养生产品,打造一批有品牌、有品质、有品位的湖边渔家、温泉小镇、森林小镇、茶叶小镇等生态休闲养生基地,实现生态产品的增值。同时,顺应"互联网+"新趋势,以生态产品开发、产业化运营等为重点,采用"互联网+旅游""互联网+森林康养"等多种模式,加快发展生态产品电子商务和物联网,实现"线上"与"线下"相结合。

在国内,开放的生态旅游区主要有森林公园、风景名胜区、自然保护区等。生态旅游开发较早,开发较为成熟的地区主要有香格里拉、中甸、西双版纳、长白山、澜沧江流域、鼎湖山、广东肇庆、新疆哈纳斯等地区。按开展生态旅游的类型划分,中国著名的生态旅游景区可以分为:山岳生态景区、湖泊生态景区、森林生态景区、草原生态景区、海洋生态景区、冰雪生态景区、自然保护区。按旅游体验可分为:果蔬采摘、科普研学、乡居体验、特色体验(葡萄酒庄酿酒体验)、节庆文化、红色文化。

山东省依托海洋资源开发海洋旅游

海洋资源历来是旅游开发的重要依托,可以为广大消费者提供海中嬉水、沙滩日光浴、时令海鲜品尝等众多旅游项目。山东省海岸线长3345千米,约占全国的1/6，海岛589个，海湾200余个，海洋资源丰度指数全国第一。山东省海洋自然资源丰富，"一洲二带三湾四港五岛群"就是典型的代表，非常适合开展康养旅游业。

烟台仙境海岸：烟台市依托其丰富的自然和文化资源，如蓬莱的"八仙过海"神话和"海市蜃楼"，以及山、海、岛、河、泉等景观，发展了多种海洋旅游产品。例如，海上观光游、游艇休闲度假游等。烟台还通过举办海洋旅游节庆活动，强化了"仙境海岸"品牌。

青岛崂山全域度假旅游：崂山区通过整合资源，推动旅游业从景点旅游向全域旅游转变，实现了旅游产品供给的全方位整合共建。例如，通过建设城市客厅、滨海步行道、人文街景小品等，崂山区构建了"旅游＋"的融合发展格局。

威海荣成全季海洋旅游：荣成市针对季节性问题，推出"冬赏天鹅·夏游牧场"旅游品牌，发展全季海洋休闲度假目的地。荣成利用冬季的大天鹅资源，开发了一系列冬季旅游项目。

山东省沂水打造中国最佳红色生态旅游资源县

山东省临沂市沂水县是著名的红色革命老区、沂蒙精神发祥地之一，有着光荣的革命传统。近年来，沂水县把红色旅游作为加快推进全域旅游的重要突破口，着力构建红色旅游景区体系，推动了红色文化的有效传承和红色旅游的内涵式发展，被评为"中国最佳红色生态旅游资源城市（县）"。目前，全县现有3A级红色旅游景区2家，分别为沂蒙山根据地景区和桃棵子红色旅游区。2019年，夏蔚镇被列入全市第一批红色堡垒镇称号，夏蔚镇王庄村、夏蔚镇云头峪村、院东头镇桃棵子村、西墙峪村、泉庄镇尹家峪村等5个村被列入全市第一批红色堡垒村。

浙江省生态旅游实践

衢州市柯城区的七里乡原本因土法造纸导致生态环境被严重破坏,"两山"理念提出后,该乡毅然关停了造纸厂转而发展农家乐经济,走上了转型之路,其桃源七里景区还通过了国家4A级景区的评定,成为以乡村旅游为主线并取得生态效益和经济效益双赢的典型。

金华市磐安乌石村被称为"金华农家乐第一村",凭借其周边秀丽的山水风光在2019年累计接待游客85余万人次,旅游综合收入达到1.6亿元,成为乡村旅游的另一个优秀样本。

无独有偶,《丽水日报》曾报道过遂昌高坪乡的农家乐盛况:箍桶丘村的40户农家乐经营户在夏季避暑旺季用50天时间累计接待游客3万多人次,营业额达200多万元,好山、好水、好空气转化为村民发家致富的"绿色银行"。立足当地实际,发展特色产业,是"两山"价值转化、乡村振兴可持续发展的有效途径。

在"绿水青山就是金山银山"的总体框架下,浙江各地乡村在挖掘产业潜力上可谓下足了功夫,纷纷探索适合当地实情的产业模式,努力培育禀赋各异的核心竞争力。《温州晚报》走进永嘉,记录了在县政府的引导与扶持下,充分发挥当地的生态优势,在建设完成农业生态园后,深挖资源,逐渐拓展出温泉小镇、永嘉书院等相关产业;此外,永嘉政府还投入龙湾潭国家级森林公园建设,保护并开发了以屿北古村为代表的古村落古建筑,通过森林、古镇、养生、旅游产业的深度融合,"没资金、没环境、没资源"却"逆风翻盘"实现了跨越式发展的鲁家村,建立了"党组织+公司+家庭农场"的经营模式,不断放大融合发展效益,吸引了20亿元的工商资本;"气净、水净、土净"的"三净"之地黄杜村,在做大白茶产业的同时,深度发展"茶旅产业",可谓"一片叶子富了一方百姓",已成为浙江生态价值转换与实现的金名片。

江苏省苏州金庭镇打造"农文旅"产业链

金庭镇挖掘明月湾、东村两个历史文化村及堂里、植里等6个传统历史村落的文化底蕴,鼓励村民在传统村落中以自有宅基地和果园、茶园、鱼塘等生态载体发展特色民宿、家庭采摘园等,让传统餐饮住宿向农业文化体验拓展,形成了"吃采游住购"产业链。

同时,金庭镇大力宣传"消夏渔歌""十番锣鼓"等非物质文化遗产的传承保护,推进全域生态文化旅游,形成了"丽舍""香樟小院"等一批精品民宿品牌,通过游客的"进入式消费"实现生态产品的增值溢价。

贵州省赤水整合红资源,打造红基地

赤水市提出"整合红资源,打造红基地",依托红军"四渡赤水"历史遗迹,采取"政府+市场+社会建设"方式,将长征遗址遗迹打造成独具特色的红色基地。现已建成"四渡赤水"一渡渡口、元厚红军渡口、四渡赤水红军烈士陵园、丙安红一军团陈列馆、耿飚将军纪念馆、黄陂洞战斗遗址等现场教学基地,积极推进长征国家文化公园建设,先后建成赤水市博物馆、江西会馆等多个陈列馆和纪念馆,展示红色展品2000余件、红军长征纪念实物100余件。赤水拥有国家级以上旅游资源8处,国家4A级旅游景区5家,先后获得中国优秀旅游城市、全国旅游标准化示范城市、全国"绿水青山就是金山银山"创新实践基地等40多张国家级名片。

2019年,赤水市因旅游资源丰富、基础设施相对较好、发展旅游潜力巨大等优势成功入选"2019中国县域旅游竞争力百强县市",这些名片不仅仅是荣誉,更是赤水打造生态旅游经济升级版的生动实践。

四、结语

如何在生态文明建设的框架下,丰富生态产品实现路径,推动政策保障、技术支撑、市场流通等方面的体制机制改革,构建起生态产品价值实现的渠道,是我国生态产品价值实现面临的问题。本书虽然在收集国内外大量的案例的基础上,对生态产品实现路径进行了总结梳理,希望能够给从事相关工作的有关人士,提供有益借鉴。但在实际工作中,仍需在充分借鉴当前工作基础的情况下,打开工作思路,结合当地资源禀赋、经济状况和社会需求,根据具体情况优化、制定相应的实现路径。

当然,在实际的工作中,完成生态产品价值实现路径的设计并最终实现生态产品价值增益,关键是充分发挥"看得见的手"及"看不见的手"在其中的作用,疏通政策堵点、形成良性市场。生态产品价值实现过程中涉及多个领域和部门,需要政府上下级、各相关部门政令的协调统一,如何统筹各环节之间的合作机制,保障政策支持和配合,疏通政策堵点,是生态产品价值实现路径设计落定执行的关键。另外,货币化收益是生态产品价值实现的内驱动力所在,如何通过完善生态产品的定价机制、社会资本投入机制、市场准入退出机制、市场监管机制等制度保障,利用市场规律,形成良性激励,实现生态产品价值增益是生态产品价值实现工作可持续发展的基础。总之,生态产品价值实现是一项长期而复杂的任务,需要政府、企业和社会各方面的共同努力。只有充分发挥"看得见的手"和"看不见的手"的作用,加强政策支持和协调合作,完善市场机制和监管机制,才能推动生态产品价值实现工作的顺利开展,实现生态产品价值的最大化。在这个过程中,我们需要不断探索和创新,不断完善和优化生态产品价值实现路径的设计和实施,以推动生态文明建设和绿色发展的进程。

参考文献

[1] 鲍佳慧.铅山县新型农村合作医疗政策效果评价研究[D].江西财经大学,2015.

[2] 别凯航.自然资源特许经营制度实践探讨[J].中国集体经济,2022(07):116-117.

[3] 蔡锐锋.政府规制、社会资本与农户林下种植绿色生产行为研究[D].贵州大学,2023.

[4] 曹春乾.生态银行建设助推生态资源变资产、青山变金山:读《生态银行研究与实践:以福建南平市为例》有感[J].财务与会计,2024(04):87-88.

[5] 曾庆军.郴州建设工程集团有限公司发展战略研究[D].湖南大学,2010.

[6] 曾祥敏.山地城镇"三生"空间的功能共生测度及优化研究[D].重庆大学,2022.

[7] 常江,李灿坤,宋昱晨.中国矿业废弃地景观重建的研究进展[J].中外建筑,2020(09):63-66.

[8] 常亮,徐大伟,侯铁珊,等.流域生态补偿中的水资源准市场交易机制研究[J].工业技术经济,2012(12):52-59.

[9] 常亮.基于准市场的跨界流域生态补偿机制研究:以辽河流域为例[D].大连理工大学,2013.

[10] 陈光炬.生态产品价值实现的实践路径[Z].2020.

[11] 陈绍志,仇晓璐.关于生态产品价值实现的思考[J].林草政策研究,2022,2(4):15-19.

[12] 陈世礼,陈雅茹.生态产品收益价值实现的途径、难点及建议:基于信贷介入视角[J].福建金融,2022(04):22-26.

[13] 陈书荣,陈宇,肖君.以宅基地"三权分置"助推乡村振兴[J].南方国土资源,2019(01):14-18.

[14] 陈心曦,姚靖然,白韫雯.对金融支持湿地有五点建议[J].环境经济,2023(03):52-57.

[15] 陈英存.斯威齐模型下排污权交易买方垄断理论分析[J].福建工程学院学报,2012,10(2):144-147.

[16] 陈云.中国绿色金融改革创新试验研究[M].北京:中国财政经济出版社,2021.

[17] 程亮,陈鹏.完善生态环保投融资机制的五个建议[Z].2020.

[18] 程湛恒.转移制度与转移能力:基于重庆户改案例的农民工市民化研究[J].中国市场,2011(33):12-17.

[19] 丛斌.提速生态产业发展是化解生态危机的有效路径[J].中国人大,2016(19):18-20.

[20] 戴梦希.绿色保险纳入多省市碳达峰实施方案[N].金融时报,2023-02-15.

[21] 戴旭,邹新强,卢晓.绿色产品认证助力湖州市高质量发展[J].质量与认证,2022(4):88-89.

[22] 党丽娟.横向生态补偿多样化的补偿方式探析[J].环境保护与循环经济,2018,38(10):1-3.

[23] 丁琴.奉贤区农村宅基地置换政策执行优化研究[D].华东政法大学,2021.

[24] 丁艳."两山论"视域下生态产品价值实现的实践模式与优化逻辑[J].创新,2022,16(02):11-20.

[25] 窦晓铭,庄贵阳.碳排放权交易政策评估及机制研究综述[J].生态经济,2022,38(10):45-52.

[26] 窦亚权,杨琛,赵晓迪,等.森林生态产品价值实现的理论与路径选择

[J].林业科学,2022,58(7):1-11.

[27] 恩山.生态建设与耕地保护亟待统筹协调[Z].2019.

[28] 范玉博.京津冀生态产品供给及其能力提升研究[D].首都经济贸易大学,2021.

[29] 方玮蓉,马成俊.国家公园特许经营多元参与模式研究:以三江源国家公园为例[J].青藏高原论坛,2021,9(01):20-26.

[30] 高晓龙,桂华,欧阳志云.生态产品交易机制研究[J].中国土地,2022(8):43-45.

[31] 苟廷佳.三江源生态产品价值实现研究[D].青海师范大学,2021.

[32] 郭馨瑜,张赟喆.我国生态银行及生态银行模式研究综述[J].中国林业经济,2022(4):105-109.

[33] 郭亚军.重庆市绿色农业发展中的若干问题及对策研究[D].重庆三峡学院,2020.

[34] 郭永强,王永峰,陈亚伟.生态产品价值实现市场化机制问题研究:以甘肃省为例[J].甘肃金融,2024(12):18-24.

[35] 郝春旭,赵艺柯,何玥,等.基于利益相关者的赤水河流域市场化生态补偿机制设计[J].生态经济,2019,35(02):168-173.

[36] 和俊才.乡村土地改革法律问题研究:第十三届"环渤海区域法治论坛"论文集,2018[C].2018-01-01.

[37] 洪传春,刘某承,李文华.农林复合经营:中国生态农业发展的有效模式[J].农村经济,2015(03):37-41.

[38] 洪睿晨,崔莹.碳交易市场促进生态产品价值实现的路径及建议[J].可持续发展经济导刊,2021(5):34-36.

[39] 洪涛.2020中国农产品电商发展报告[J].农业工程技术,2020.

[40] 胡昌林.论水银行制度:以水的存贷与信托为中心[D].昆明理工大学,2014.

[41] 胡楠,裴庆冰.完善用能权交易制度推动节能增效[J].宏观经济管理,2020(12):43-49.

[42] 胡艳香.构建生态环境损害赔偿制度[Z].2016.

[43] 黄宝荣,王毅,苏利阳,等.我国国家公园体制试点的进展、问题与对策建议[J].中国科学院院刊,2018,33(01):76-85.

[44] 贾凌民,刘陈,景杰,等.关于建立区域生态认证制度的研究[J].中国行政管理,2016(09):147-149.

[45] 贾彦鹏.我国农业循环经济的发展现状与未来举措[J].宏观经济管理,2022(8):50-56,81.

[46] 贾泽存.绿色存款业务实践和发展策略[J].工程经济,2021,31(5):57-59.

[47] 江秀娟.生态补偿类型与方式研究[D].中国海洋大学环境与资源保护法学,2010.

[48] 姜莉欣.吉林省西部草地生态系统服务变化及修复策略研究[D].吉林大学,2021.

[49] 蒋牧云,张荣旺.融资担保开拓绿色业务数字化转型步伐提速[N].中国经营报,2023-02-20.

[50] 矫雪梅,张雪原,孙雯,等.生态产品价值在国土空间规划中落地难点与规划应对[J].城市发展研究,2022,29(9):50-55.

[51] 金三林.如何构建国家生态补偿体系基本框架[Z].2007.

[52] 靳乐山,楚宗岭,邹苍改.不同类型生态补偿在山水林田湖草生态保护与修复中的作用[J].生态学报,2019,39(23):8709-8716.

[53] 寇飞周,王伟.关于"增减挂钩"与"双退"工作的几点思考[J].科技视界,2016(17):251-263.

[54] 李冰强,康星."生态银行"嵌入自然资源资产管理的制度化构建[J].经济问题,2023(11):8-16.

[55] 李晨曦.中原经济区落实国家城乡建设用地增减挂钩政策的思考[J].河南科技学院学报,2012(09):10-12.

[56] 李江华,谷彦芳.新发展理念下中国生态资产产权交易研究[J].价格月刊,2022(6):1-6.

[57] 李洁.乡村振兴背景下农村集体企业的可持续发展路径选择[J].中国集体经济,2024(35):1-4.

[58] 李珮,陈彦蓉.绿色租赁成租赁业转型发展关键词[N].金融时报,2022-11-07.

[59] 李睿."双碳"视角下金融支持生态产品价值实现的路径研究[J].黑龙江金融,2022.

[60] 李世东,金旻.世界著名生态工程:中国"天然林资源保护工程"[J].浙江林业,2021(10):16-18.

[61] 李淑瑞.我国生态转移支付制度优化研究[D].中南财经政法大学财政学,2020.

[62] 李忠,党丽娟.生态产品价值实现的国际经验与启示[J].资源导刊,2019(9):52-53.

[63] 李忠.践行"两山"理论建设美丽健康中国:生态产品价值实现问题研究[M].中国市场出版社,2021.

[64] 刘伯恩,宋猛.碳汇生态产品基本构架及其价值实现[J].中国国土资源经济,2022,35(04):4-11.

[65] 刘浩,余琦殷.我国森林生态产品价值实现:路径思考[J].世界林业研究,2022,35(03):130-135.

[66] 刘淑芳.GEP核算:丈量绿水青山的价值尺度[Z].2021.

[67] 刘月瑞.全球气候变暖背景下"气候难民"的国际法保护[D].广西大学,2020.

[68] 刘重才.水权交易助水处理行业发展[Z].2016.

[69] 鲁政委,叶向峰,钱立华,等."碳中和"愿景下我国碳市场与碳金融发展研究[J].西南金融,2021(12):3-14.

[70] 罗爱明,王懋雄.对金融支持生态示范区生态产品价值实现的思考[J].西南金融,2021(11):77-88.

[71] 马文杰.绿色金融政策激励与市场发展:中国金融发展报告2020[M].上海:上海财经大学出版社,2021.

[72] 毛涛.碳达峰与碳中和背景下工业低碳发展制度研究[J].广西社会科学,2021(9):20-29.

[73] 毛雪阳.西部生态脆弱区生态产品价值实现模式研究:以鄂尔多斯市为例[D].中国矿业大学(江苏),2022.

[74] 么甲滨.森林资源资本化三方演化博弈及政策调控仿真[D].东北林业大学,2022.

[75] 潘顺.绿色金融对我国碳减排的成效影响研究[D].浙江财经大学,2022.

[76] 秦颖.生态产品的市场化供给机制与价值实现模式研究[M].北京:中

国经济出版社,2022.

[77] 丘水林,靳乐山.生态产品价值实现:理论基础、基本逻辑与主要模式[J].农业经济,2021(04):106-108.

[78] 任静,李福夺,尹昌斌.基于案例分析的乡村生态文化产品价值转化保障机制浅析[J].中国农业综合开发,2024(11):57-61.

[79] 荣冬梅.美国湿地缓解银行制度对我国生态补偿的启示[J].中国国土资源经济,2020,33(8):65-69.

[80] 邵锦华,周邵一.绿色金融赋能生态产品价值实现:基于生态产业化和产业生态化视角的分析[J].西部学刊,2024(19):1-4.

[81] 佘艳,刘瑛.浅析矿山生态修复中的建设用地指标交易激励[J].中国土地,2020(05):34-36.

[82] 施懿宸,徐加贝洱,仵下洁.从PPP模式回报机制看生态价值的实现[J].环境经济,2020(19):38-41.

[83] 石英华,孙家希.生态补偿融资的现状、困境与对策[J].财经智库,2020,5(05):79-91.

[84] 宋昌素.生态产品价值实现:现实困境与路径机制[J].行政管理改革,2023(09):43-51.

[85] 孙博文.建立生态产品价值实现机制:"五难"问题及优化路径[J].天津社会科学,2023(04):87-97.

[86] 谭阳.生态文明建设目标评价考核制度研究[D].中南林业科技大学,2022.

[87] 汤丹雅.绿色金融对经济发展的影响研究:基于绿色发展视角[D].南京理工大学,2022.

[88] 滕玲."三江"清水"一园"净土:三江源国家公园探索自然资源管理和生态保护新模式[J].地球,2018(09):10-17.

[89] 田贵良.治水新思路下用水权交易的基准价格研究[J].价格理论与实践,2022(1):12-16,37.

[90] 田野.基于生态系统价值的区域生态产品市场化交易研究[D].华中师范大学,2015.

[91] 童国庆."水银行"机制:水资源市场化的有效途径[J].城乡建设,2010(01):76-77.

[92] 涂圣伟.工商资本参与乡村振兴的利益联结机制建设研究[J].经济纵横,2019(3):23-30.

[93] 汪国平,林华,王洪亮."双碳"目标下的绿色租赁发展[J].中国金融,2022(04):61-62.

[94] 王刚潮.碳中和加快促进生态产品价值实现机制的建立[J].皮革制作与环保科技,2021,2(18):76-79.

[95] 王金南,王夏晖.推动生态产品价值实现是践行"两山"理念的时代任务与优先行动[J].环境保护,2020,48(14):9-13.

[96] 王钧懿.民族地区流域系统生态补偿模型及其标准体系研究[D].西南民族大学,2022.

[97] 王凯,杨秋平,谭佳欣.中国省际绿色金融对旅游业碳排放强度的影响:基于产业结构的调节效应[J].商学研究,2024,31(02):56-64.

[98] 王妍,陈幸良.我国林下经济研究进展[J].南京林业大学学报(人文社会科学版),2022,22(4):80-87.

[99] 王遥,毛倩,赵鑫.绿色金融蓝皮书:全球绿色金融发展报告2023[M].北京:社会科学文献出版社,2024.

[100] 吴丰昌.国内外生态产品价值实现的实践经验与启示[J].发展研究,2023,40(3):1-5.

[101] 奚宾.中国绿色金融有效供给研究[M].上海:上海社会科学院出版社2021.

[102] 熊曦,刘欣婷,汤春玲,等.城乡产业融合的主抓手:生态产品价值实现机制与路径探索——基于文献计量热点分析[J].生态经济,2024,40(04):220-227.

[103] 徐丽思.基于水质水量的流域上下游横向生态补偿标准研究[D].长江科学院,2021.

[104] 徐忠.新时代背景下中国金融体系与国家治理体系现代化[J].经济研究,2018.

[105] 许航.水权制度改革、水资源配置与经济发展:基于农业和非农部门的实证研究[D].西北农林科技大学,2024.

[106] 闫瑞雯,王永瑜.基于RCM的水权交易试点对水资源利用效率影响评估[J].兰州财经大学学报,2022,38(02):29-43.

[107] 杨宇航.绿色金融对我国经济的拉动作用研究[D].西南民族大学,2022.

[108] 叶琪,李建平.关于建立区域生态认证制度的研究[J].政治经济学评论,2019.

[109] 叶维丽,高涵,彭硕佳等.生态产品价值实现路径与实践基地规划研究湖州与安吉实践[M].北京:中国环境出版社,2021.

[110] 於方,杨威杉,马国霞,等.生态价值核算的国内外最新进展与展望[J].环境保护,2020,48(14):18-24.

[111] 于法稳,林珊.实现民族地区共同富裕:特征、问题及路径[J].中州学刊,2022(09):31-39.

[112] 余星涤.自然资源领域生态产品价值的实现[J].中国土地,2020(7):28-30.

[113] 苑韶峰,梅志恒,顾子江,等.自然资源生态产品价值实现的实践探索与机制构建:以浙江省为例[J].中国国土资源经济,2024:1-12.

[114] 翟斌,龚征旗.贵安新区数字经济发展战略研究[J].科技经济市场,2022(9):86-88.

[115] 张百灵.正外部性理论与我国环境法新发展[D].武汉大学,2011.

[116] 张晖,吴霜,张燕媛,等.流域生态补偿政策对受偿地区经济增长的影响研究:以安徽省黄山市为例[J].长江流域资源与环境,2019,28(12):2848-2856.

[117] 张籍,邹梓颖.雅鲁藏布江流域生态产品总值(GEP)核算及其应用研究[J].生态经济,2022,38(10):167-172.

[118] 张黎黎.生态产品价值实现的金融介入与支持[J].中国金融,2022(11):91-94.

[119] 张丽佳,周妍,苏香燕.生态修复助推生态产品价值实现的机制与路径[J].中国土地,2021(7):4-8.

[120] 张林波,程亮,相文静,等.我国"森林生态银行"的发展历程、运行模式与完善建议——以福建省南平市为例[J].环境保护,2023,51(17):21-26.

[121] 张林波,虞慧怡,郝超志,等.国内外生态产品价值实现的实践模式与路径[J].环境科学研究,2021,34(6):1407-1416.

[122] 张林波,虞慧怡,李岱青,等.生态产品内涵与其价值实现途径[J].农

业机械学报,2019,50(6):173-183.

[123] 张素蓉,孙海军.生态农产品溢价机制研究[J].农机市场,2023(3):53-56.

[124] 张晓蕾,严长清,金志丰.自然资源领域生态产品价值实现制度设计[J].中国国土资源经济,2022,35(7):20-26.

[125] 张筱雨.生态银行在流域生态补偿机制中的应用:以黄河流域为例[J].财会通讯,2022(12):155-160.

[126] 张兴,姚震.新时代自然资源生态产品价值实现机制[J].中国国土资源经济,2019.

[127] 张晏.生态系统服务市场化工具:概念、类型与适用[J].中国人口·资源与环境,2017,27(06):119-126.

[128] 张晏瑢,CHENJueyu,HUANGRui.海洋空间规划相关法律问题刍议[J].中华海洋法学评论,2021.

[129] 张玉飞.中国水资源安全法制保障研究[D].重庆大学,2005.

[130] 赵晶晶,葛颜祥,李颖.流域生态补偿多元融资的障碍因素、国际经验及体系建构[J].中国环境管理,2022,14(02):62-69.

[131] 郑泽宇.自然资源资产收益制度研究[D].重庆大学,2023.

[132] 中国人民银行研究局.绿色金融改革创新案例汇编[M].北京:中国金融出版社,2020.

[133] 钟成林,胡雪萍.制度交互作用视角下市场化生态补偿机制培育绩效的提升路径[J].四川师范大学学报(社会科学版),2021,48(4):58-67.

[134] 周珞,贾宝杰,黄茁,等.水生态产品价值实现机制及差异化路径研究[J].中国水利,2023(22):10-15.

[135] 周蓉.生态产品价值实现典型模式的经济学探析[J].攀登(汉文版),2024,43(3):110-116.

[136] 朱满德.贵州省普定县农村居民点用地整理研究[D].贵州大学,2008.

[137] 朱信凯,周月秋,王文.中国绿色金融发展研究报告(2021)[M].北京:中国金融出版社,2022.

[138] 邹朝晖,周玉,蔡少彬.基于"生态券"的生态用地占补平衡机制研究[J].中国土地,2020(12):13-15.